花も実もある
よくばり！緑のカーテン

野菜と花おすすめ23品目

サカタのタネ「緑のカーテン」普及チーム

農文協

はじめに

　夏、窓辺を緑で覆った家がいたるところで見られるようになりました。ネットを張り、つる性の植物をはわせて日よけにする「緑のカーテン」。暑さをやわらげ、気持ちを和ませる鮮やかな緑色が今、日本中に広まっています。

　建物や室内の温度を下げ、エアコンの消費電力も抑えられるということで、以前から徐々に浸透していましたが、福島第一原子力発電所の事故にともなう電力不足が予想された2011年夏、多くの人が取り組み、話題になりました。

　2011年と2012年にサカタのタネが行なった緑のカーテンに関する意識調査では、栽培した人の中で「来年も育てたい」と回答した人は、いずれの年も約94％。まるで秋に衣替えし、冬にこたつを出すように、日本の生活に溶け込み始めているようです。

　近年では、たわわに実るミニメロンや小玉スイカ、夜に咲き、香りもすてきな白花ユウガオなど、楽しみ方はますます多様になっています。カーテンが終わった後もコンテナで野菜を育て、自給の醍醐味を満喫している人もいます。

　一方で、せっかく挑戦したのに「枯らしてしまった」「カーテンにならなかった」「実や花がつかなかった」などの声も聞かれます。でも失敗のほとんどは、基本を知り、ほんの少し手間をかければ避けられるものばかり。

　そこで本書では、緑のカーテンの普及に努め、多くの疑問にお答えしてきたサカタのタネのノウハウを生かして、土作り、ネットやコンテナの設置、タネまきから収穫、そして片付けまで、基本をしっかり押さえ、成功の秘訣を詳しく紹介しました。

　また、自分だけの個性的な楽しみ方をサポートできるように、緑のカーテンに適した23品目の野菜や花を厳選し、品目ごとに栽培の手順やポイント、よくあるQ＆Aなど、かゆいところに手が届く情報を満載しました。

　快適な夏と環境負荷を軽減したエコライフ。おまけに電気代もお得。まさに"一石三鳥"の緑のカーテンですが、一番の喜びは、植物を育てることの純粋な楽しさ、面白さにあるのかもしれません。

　厳しい日差しにめげずに育つニガウリに感心したり、毎朝、花をいっぱいに咲かせて迎えてくれるアサガオに感動したり。本書がそんな楽しみの一助になるのであれば、これに勝る喜びはありません。

2013年5月

サカタのタネ「緑のカーテン」普及チーム

目　　次

はじめに

花も実も涼も楽しむ　夏の新風物詩

こんなに涼しい──8㎡でエアコン1台分の省エネ効果……4
たわわに実る──ベランダ・軒先で野菜を収穫できる喜び……5
花と緑の癒し──植物の彩りと香りで最高のやすらぎ……6

ここがポイント！　失敗しない育て方……7

栽培の流れと使用するもの……8

必要なもの──これが決め手の"七つ道具"
タネと苗──新鮮さ、若々しさをチェック……10
コンテナ──大きめのサイズが良い……11
培養土──自分で作ってもOK……12
肥料──特徴を生かして使い分ける……13
ネット──網目の形と大きさに注意……15
支柱──ネットをピンと張るために……16
水やり道具──普段も旅行のときも安心……18

育て方──13の作業と失敗しないポイント
タネまき（播種）・育苗──タネまきは通常より遅い方が良い……19
ネットと支柱の設置──どんな場所にも設置可能……22
植え付け（定植）──土は多め、間隔を確保……25
水やり（灌水）──切らさないようにたっぷりと……26
摘芯・わき芽かき──つるを茂らせ、花を咲かせ、実をならせるために……27
誘引──つるの結び方・導き方……28
追肥──早め・多めで葉が茂る……29
[コラム] 根を守る「増し土」「マルチ」……29
授粉──確実な収穫のために……30
摘花・摘果・花がら摘み──カーテンと収穫を両立……30
収穫──カーテンができるまでガマン……31
[コラム] タネ採りで注意したいこと……31
病虫害防除──有機栽培対応の資材も……32
片付け──カーテン後に秋作の楽しみも……33
土の再生──病虫害・連作障害を防ぐ……34

©エクゾティックプランツ

実る！ 彩る！ 緑のカーテン好適23品目 ……………… 35

野菜
- ニガウリ（ゴーヤー） …………………………………… 36
- ミニメロン「ころたん®」 ………………………………… 38
- キュウリ ……………………………………………………… 40
- ヘチマ ………………………………………………………… 42
- ミニカボチャ ………………………………………………… 43
- 小玉スイカ …………………………………………………… 44
- ヒョウタン …………………………………………………… 45
- シカクマメ …………………………………………………… 46
- インゲン ……………………………………………………… 47
- ササゲ ………………………………………………………… 48
- アピオス ……………………………………………………… 49
- パッションフルーツ ………………………………………… 50
- ツルムラサキ ………………………………………………… 51
- ヤマノイモ「ソロヤム」 …………………………………… 52
- ホップ ………………………………………………………… 53

花
- アサガオ ……………………………………………………… 54
- ルコウソウ／ルコウアサガオ ……………………………… 56
- ミナ ロバータ ………………………………………………… 57
- ユウガオ（ヨルガオ） ……………………………………… 58
- トケイソウ …………………………………………………… 59
- フウセンカズラ ……………………………………………… 60
- ツンベルギア ………………………………………………… 61
- スネールフラワー …………………………………………… 62
- コラム 「サンパチェンス®」でさらに涼しく、美しく ……… 63

イラスト　西原直紀

花も実も涼も楽しむ

こんなに涼しい
8㎡でエアコン1台分の省エネ効果

　夏の風物詩と言えば？　かき氷、花火、打ち水、スイカ、風鈴、冷やし中華──。イメージするものは人それぞれだと思いますが、その多くに「涼」のキーワードが見え隠れします。蒸し暑い日本の夏をうまく乗り切るための工夫を、私たちは古くから生活に取り入れてきました。

　そんな夏の新しい風物詩として、近年、名乗りを上げているのが「緑のカーテン」です。厳しい太陽の光を遮る「遮光効果」と、植物が水分を水蒸気として排出する「蒸散作用」により、周囲の熱を奪う「冷却効果」を利用し、室内を涼しくすることができます。建築用語で言うならば「外断熱」。建物自体の温度上昇を防ぎます。

　例えば、緑のカーテンを施した場合の外壁の表面温度が、施さない場合に比べて10〜15℃低くなったという報告（横浜市環境科学研究所調べ）や、中学校の教室で窓際の室温が昼間の平均で1.7℃、最大で3.8℃低くなったという報告（神奈川県環境科学センター調べ）もあります。緑のカーテンにより直射日光が遮られ、建物自体への熱の伝導を減らすことができるので、蓄熱が抑制され、夜間の室温上昇を抑えられます。

　なお、室内が涼しくなるということは、その分、クーラーなど冷房器具の使用を控え、その結果、使用電力も抑えられます。一般家庭に設置した場合、暑さがピークを迎える7〜9月の電気料金を、エアコン1台分、約5,000円節約できるという試算もあります※。

　葉がつくる陰や間を抜けてくる風、重なり合った葉が奏でる音。涼しさだけでなく、見ても、食べても、香りでも「夏らしさ」が感じられる。緑のカーテンは、欲張りな現代人にはぴったりの夏の"新"風物詩なのです。

※南側の窓面8㎡に緑のカーテンを設けると、家庭用エアコン（8畳タイプ）1台分に相当する省エネ効果がある。電気料金に換算すると3か月で約5,000円の削減になる（横浜市環境科学研究所の試算）。

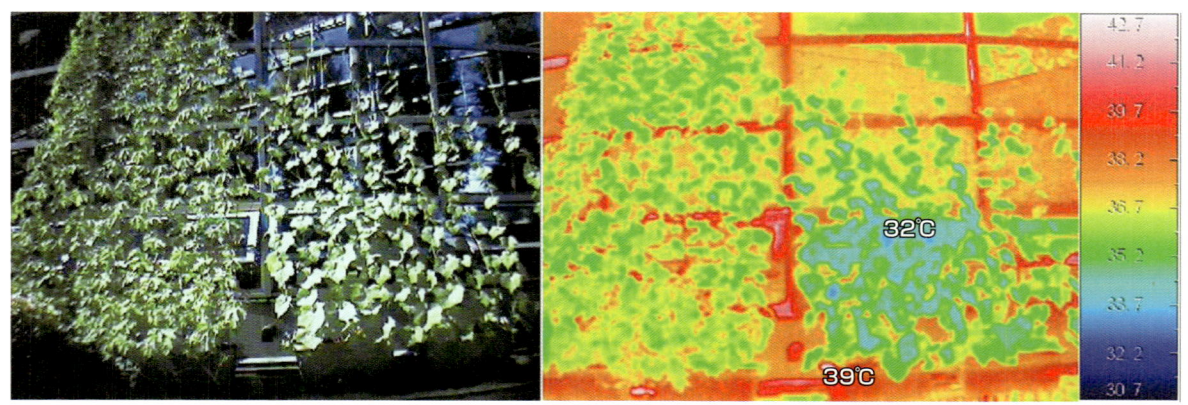

緑のカーテンの冷却効果。右は左のサーモグラフィー。ニガウリとミニメロンの葉で覆われた部分だけ温度が低く抑えられている。

夏の新風物詩

たわわに実る
ベランダ・軒先で野菜を収穫できる喜び

ミニメロン「ころたん®」の緑のカーテン

　毎日が野菜のもぎ取り体験——。緑のカーテンを上手に育てれば、たわわに果実が実り、野菜好きにはたまらない夢のような日々が待っています。育てやすいニガウリなどは、「食べきれずに困るわ…」という、うれしい"悲鳴"をあげることになるかもしれません。

　本書でも紹介しているとおり、キュウリやつるありインゲン、ミニカボチャなど、ニガウリよりも毎日の食事で使いやすい野菜でもカーテンを作ることができます。

　例えば、キュウリ。切り口から水が滴るような新鮮な1本をそのまま朝食のサラダにしたり、夕方に収穫して「もろきゅう」をビールのお供にしたり。地域で育った野菜をその地域の人が食べる「地産地消」が言われて久しいですが、緑のカーテンは言うなれば"究極"の地産地消。徒歩0分、仕立て方によっては窓からちょいと手を伸ばして収穫することだってできるかもしれません。

　「毎日ワクワク、ハラハラ、ドキドキ。庭でスイカやメロンがつくれるなんて…と近所の人もビックリ！」

　サカタのタネのミニタイプのネット系メロン「ころたん®」の特設サイトには、昨年、こんなコメントが寄せられました（一部抜粋）。果実のできる小玉スイカやミニメロン、パッションフルーツなどの仲間は、いっそう、特別感があります。日ごとに果実が太っていく様子を毎日、窓の外に見ていれば、家族中を巻き込んで盛り上がること必至です。

　いずれにせよ、成長して収穫した野菜を味わう瞬間は至福のひととき。新鮮さもさることながら、「自分の手で育てた」という最高の調味料が効いています。それでも食べきれなかったら、ぜひご近所にお裾分けを。

花も実も涼も楽しむ
夏の新風物詩

花と緑の癒し
植物の彩りと香りで最高のやすらぎ

●

「花より団子」のことわざのとおり、長期間栽培をする緑のカーテンでは、つい"実益"のある野菜を選んでしまう人は多そう。しかし、花など、見ることを主な目的にした緑のカーテンには「彩り」や「やすらぎ」という、また別の喜びがあります。

京都の町屋の軒先に仕立てられたアサガオ、木漏れ日のような柔らかい光を落とすフウセンカズラ、ぶらりぶらりと眺めているだけでゆったりとした気持ちになるヒョウタン、秋の青空が近づくと花を咲かせ始めるヘブンリーブルー（西洋アサガオ）などなど。そこには、庭だけでなく街の風景に溶け込むような、野菜にはない「味わい」があります。

特に育てやすく定番のアサガオは品種も多く、自分の好みにあった色や模様、形を探す楽しみがあります。またユウガオは夜に花を咲かせ、柔らかくて甘い香りをまといます。月夜の晩に、白い花が浮かび上がるように見える風情もさることながら、窓から夜風にのって、ほのかな香りを届けてくれるかもしれません。

なおアサガオとユウガオを同時に育てれば、朝はアサガオ、夕方から夜にかけてはユウガオが花を咲かせてくれます。

花で作った緑のカーテンの魅力は見るだけにあらず、「見られるところ」にもあります。例えば生育旺盛な西洋アサガオなどは、地植えにすると最盛期には2階の軒先に届く勢いで成長します。大きく育った株が、一斉に花をつける様子は見事で、ご近所との話のきっかけにもなります。「あら、きれいね」で始まる素敵なコミュニケーションこそが、一番の魅力かもしれません。

目にも涼やかなアサガオの緑のカーテン
日比野克彦《明後日朝顔プロジェクト21》
金沢21世紀美術館での展示風景（2007年）

ここがポイント！

失敗しない育て方

緑のカーテンとサンパチェンス®のコンビネーション

栽培の流れと使用するもの

植物の成長		発芽・出芽	本葉が出る		親づるが成長	子づるが伸びる
作業	栽培準備	タネまき（播種）育苗	間引き	ネット張りコンテナの設置	植え付け（定植）	摘芯わき芽かき
	何を、どこに、いつから栽培するか決め、計画を立てたら、栽培に必要なタネや資材などをそろえます。	自分の住む地域の最適なまき時にタネをまきます。芽が出にくい植物は、タネまき前に芽が出やすくする処理をします。特に温度管理は大切で必要に応じて保温などします。ここから植え付け（定植）までが育苗です。	良い苗を残すための大切な作業です。	植え付け前にネットやコンテナの設置をします。植物と栽培スペースに応じたネットやコンテナを選びます。培養土を購入しない場合は作ります。	晴れて風のない日を選んで苗を植え付けます。苗から始める場合はここから。	ネット面に株を張らせるために、また花や果実がつきやすくするために摘芯をして子づるや孫づるを伸ばします。不必要なつるは早めにかき取ります。
		保温／加温　P.19参照　保温箱／加温装置、温度計				
		水やり（灌水）　P.18、26参照　（プレッシャー式）噴霧器、バケツ				
		病虫害防除　P.32参照　農薬、（プレッシャー式）噴霧器、計量カップ、スポイ				
使用するもの	本書	タネ ヤスリ※ ジベレリン※ 培養土 育苗用ポット ジョウロ／（プレッシャー式）噴霧器 保温箱※ 地温計 農薬※	ハサミ	コンテナ ネット 支柱 ロープ ペグ※ 結束バンド 用土 培養土 肥料（元肥用）	苗 培養土 自動灌水装置※ 移植ごて ジョウロ バケツ※	ハサミ
参照		P.10～13 P.18 P.19～21	P.21	P.11 P.12～14 P.15～17 P.22～24	P.10 P.18 P.25	P.27

※条件に応じて必要な場合のみ使用する資材です。詳しくは参照ページをご覧ください。

孫づるが伸びる		花が咲く	果実がつく	果実が熟す	枯れる	
誘引	追肥 増し土 マルチ	授粉	摘花 摘果 花がら摘み	収穫	片付け	秋作 土の再生
自由奔放に伸びるつるを誘引してきれいにネットにはわせます。	夏の間、長くカーテンとして機能してもらうために、まめな追肥や根を育て保護するための増し土・マルチも大切です。	果菜類では、果実の確実な収穫のために雌花の柱頭に雄花の花粉をつける授粉が欠かせません。	不必要な花をそのままにしておくと果実がつき、栄養がその成長に使われてしまうため摘み取ります。	野菜では果実や葉、いもなどの収穫ができるのも醍醐味です。株に負担をかけないよう適期に収穫しましょう。	緑のカーテンが終わったら早めに片付けましょう。	秋から栽培できる野菜や花を同じ土で作ることができます。また、土を良い状態で次に使えるように再生をしてもよいでしょう。
麻ひも ハサミ	肥料（追肥用） 落ち葉 培養土 バケツ 腐葉土	ラベル 筆記具	ハサミ	ハサミ	ハサミ	秋まきのタネ タフブネ ジョウロ ブルーシート 腐葉土 苦土石灰※ 石灰チッ素※ 微生物資材 密閉容器/袋
P.28	P.14 P.29	P.30	P.30	P.31	P.33	P.34

ト、電子ばかり

必要なもの　これが決め手の"七つ道具"

タネと苗
新鮮さ、若々しさをチェック

緑のカーテンとして何を栽培するか決めたら、タネや苗を入手します。「タネ半作、苗七分作」のことわざのとおり、良いタネや良い苗を選ぶことは、緑のカーテンをうまく作る基本でもあります。タネや苗の入手は、種苗店や園芸店、ホームセンター、最近ではインターネットでもできます。

タネの入手

タネからなら、安価でたくさんの苗を仕立てることができ、好みの品種を好きな時期に栽培できます。初めての人でも料理のレシピと同じで、手順どおりにやれば意外と簡単に栽培できます。

タネは、生き物なので寿命があります。新鮮なタネを購入するためには、お店でタネ袋にある有効期限を確認します。その他にも、タネ袋にはうまく育てるための情報が満載です（図1）。

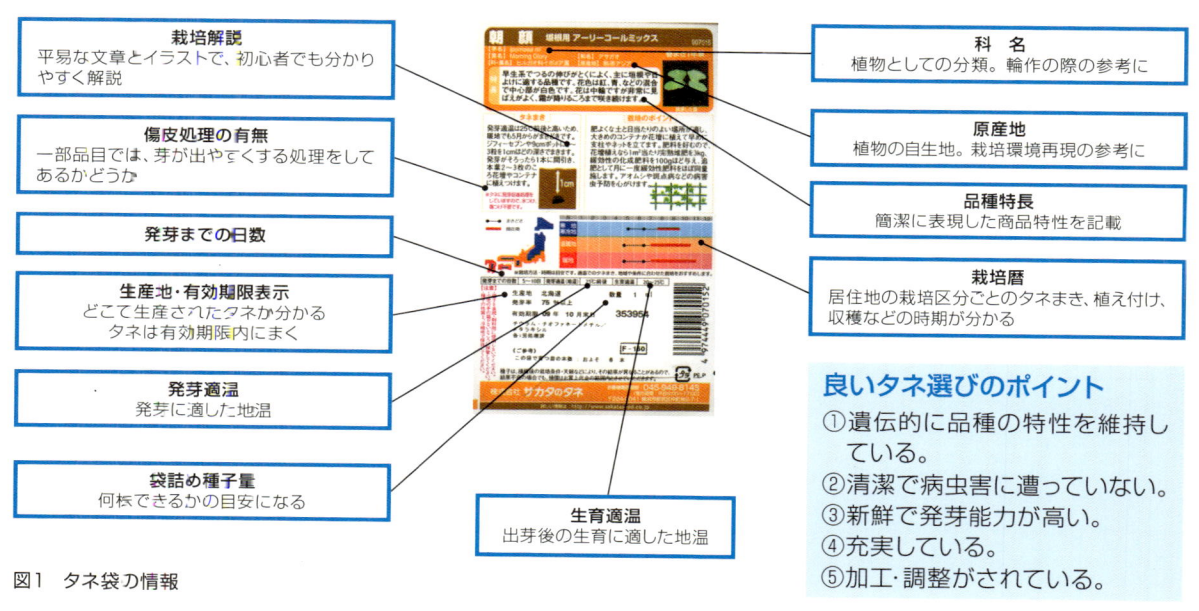

- **栽培解説**: 平易な文章とイラストで、初心者でも分かりやすく解説
- **傷皮処理の有無**: 一部品目では、芽が出やすくする処理をしてあるかどうか
- **発芽までの日数**
- **生産地・有効期限表示**: どこで生産されたタネか分かる／タネは有効期限内にまく
- **発芽適温**: 発芽に適した地温
- **袋詰め種子量**: 何株できるかの目安になる
- **科名**: 植物としての分類。輪作の際の参考に
- **原産地**: 植物の自生地。栽培環境再現の参考に
- **品種特長**: 簡潔に表現した商品特性を記載
- **栽培暦**: 居住地の栽培区分ごとのタネまき、植え付け、収穫などの時期が分かる
- **生育適温**: 出芽後の生育に適した地温

図1　タネ袋の情報

良いタネ選びのポイント
① 遺伝的に品種の特性を維持している。
② 清潔で病虫害に遭っていない。
③ 新鮮で発芽能力が高い。
④ 充実している。
⑤ 加工・調整がされている。

苗の入手

タネまきは自信がない、代表的な品種でかまわないから苗作りの時間をスキップして早く緑のカーテンを作りたい、という人には苗からの栽培がよいでしょう。できるだけ植え付けの直前、長くとも数日前に良い苗を購入します。

ポットの穴から見える根が白ければ、苗が老化していない証拠です。ラベルに栽培のために必要な情報（科名、品種特長、栽培暦、用途・植え付け株数、栽培のポイントなど）があるかも確かめましょう。

良い苗選びのポイント
① がっちりして伸びすぎていない。
② 清潔で病虫害に遭っていない。
③ 茎葉が傷んでいない。
④ 葉の色が濃い。
⑤ 根が白くきれい（＝苗が老化していない）。

コンテナ
大きめのサイズが良い

植物を栽培する容器をコンテナといいます。タネをまいて苗を育てる際は直径7.5～10.5cmのポリ鉢を、あるいは鉢のまま植え付けられる直径8cmのジフィーポットを準備します（図2）。

緑のカーテンでは、ネットに沿ってコンテナを配置することから、縦長の形状をしたプランターを主に使います。プランターにはさまざまな大きさや素材のものがあります。緑のカーテンでは、コンテナの容量が小さいと、土が乾きやすく水やりの手間がかかるばかりか、株を大きく育て、葉をたくさん茂らせることも、長く楽しむこともできません。そこで30～60ℓの大容量のものを選びます（図3）。各プランターに植え付ける株数は、品目や茂らせる高さによって変わってきます。例えばニガウリならば、約30ℓで1株、約45ℓで2株が目安です。

留守がちな人向きの底に水がたまるコンテナは、メリハリのある水管理が難しい一面もあります。果実をつける野菜は多くの養分と水分を必要とするので、より多くの土を使います。また、ネット幅の単位は、半間つまり90cmを基本としていることから、それに収まることも大切です。素材は、プラスチック製のものが軽く丈夫で、土も乾きにくく値段も手ごろなことからおすすめです。

図3　緑のカーテン向きの各種プランター
①大型750プランター
　（28ℓ・長さ75cm×幅29cm×深さ23.5cm）
②深型700プランター
　（36ℓ・長さ70cm×幅30cm×深さ32cm）
③大型730プランター
　（45ℓ・長さ73cm×幅40cm×深さ27cm）
④大型900プランター
　（45ℓ・長さ90cm×幅32cm×深さ27cm）
⑤大型900プランター
　（58ℓ・長さ90cm×幅34.5cm×深さ29.8cm）
※長さが同じでもメーカーにより容量が異なるので底に記載されている体積を確認する。

図2　タネまき・育苗用の各種鉢（ポット）
①ポリ鉢（2.5号：直径7.5cm）
②ポリ鉢（3号：直径9cm）
③ポリ鉢（3.5号：直径10.5cm）
④ジフィーポット（直径8cm）

緑のカーテン用コンテナ選びのポイント
①プラスチック製のプランターを使う。
②容量は30～60ℓの大きなもの。
③ネットの幅に収まるように大きさと数を決める。
④底に水がたまるタイプは土の乾きが分かりづらく水管理が難しい。

培養土
自分で作ってもOK

　植物が、根を張り、体を支え、そこから必要な栄養や水分、それに根が呼吸するための空気を得るのが土です。生育に適した土を準備することは栽培の基本です。

　生育に適した土とは、海岸の砂と違って、野山にあるようなフカフカで養分と水と空気を適度に保持できるものをいいます。これらは、細かな土がくっつきダンゴ状になることで可能になります。ダンゴ状の土（団粒）のなかでは養分と水分が保持され、ダンゴとダンゴの間の大きな隙間では水が抜け、空気が保持されます。

　細かな土は基本用土といい、赤玉土などがあります。基本用土をくっつけダンゴ状にするのが植物用土で、腐葉土や堆肥などの有機質がそれにあたります。有機質があるとそれをエサに微生物が増え、それらも土をつなぎます。微生物によって分解された有機質は、植物の栄養になります（微生物自身もいずれ分解されます）。バーミキュライトは調整用土で栄養を保持する力があります。

　これらの用土を混ぜたものを培土といいます。多くの野菜や花は微酸性（pH6.0～6.5）の土を好むことから、pHを矯正するため苦土石灰などの石灰質肥料を、また当面の養分としての肥料（元肥）を培土に施すことで、初めて植物が生育できる培養土になります。培養土は、作り方の基本さえ知っておけば自分でも作れ、古い土の再生もできます。

市販の培養土を購入

　野菜用と草花用の培養土が市販されているので、初心者はそれらを使うとよいでしょう。適正な割合の用土と必要な肥料が混ぜられ、pHなどの矯正もされているので便利です。購入の際にはこれらの材料やメーカー名などの表示がある品質のともなった製品を選ぶようにしましょう（図4）。

培養土選びのポイント
① 野菜か草花か、用途に合わせ選ぶ。
② 施されている肥料の割合と種類。
③ pHが矯正されているか。
④ 用土の種類と配合割合。
⑤ メーカー名とその所在地があるもの。

・メーカー名とその所在地の表記がきちんとされている。
・何用の培養土なのかはっきり分かる。
・混ぜられている用土が分かる。
・混ぜられている肥料成分が分かる。
・pH矯正やEC矯正されているか分かる。

図4　市販の培養土の選び方

培養土を自作する

　培養土は自作すれば安価に、かつ植物ごとにぴったり合った配合で作れます。また、古い土を再生するときも同様に自作する必要があります。基本を押さえれば培養土の自作は簡単です。

　基本用土の赤玉土や畑土（50～60％）に、植物用土の腐葉土（20～30％）、さらに調整用土のバーミキュライト（10～20％）を混ぜます（図5）。これに苦土石灰1.3～2g（本来は市販のpH測定キットで測っ

必要なもの——これが決め手の"七つ道具"

図5　用土の配合割合

て適正な量をつかむ）を植え付けの2週間前までに混ぜ、配合肥料なら1～2週間前までに、化成肥料は直前に混ぜることで、自前の培養土が作れます。ちなみに肥料などを混ぜる際は、堆肥（腐葉土など）、苦土石灰などの石灰質肥料、その他の肥料の順に別々に混ぜます。用土の混合には、左官屋さんが使う80ℓほどのタフブネがあると重宝します。

緑のカーテンが大きくなると問題になるのが土の乾きですが、保水剤を培養土に混ぜるだけで乾きを軽減できます。「水の貯金箱」は、水やりのたびに最大40倍の水分を吸収し、植物が必要とする水分を放出します（図6）。保水機能は3年で、生分解性で最終的にアンモニアと二酸化炭素に分解されます。

図6　保水剤
「水の貯金箱」（サカタのタネ）

肥料
特徴を生かして使い分ける

植物は葉から空気中の二酸化炭素を、根からは水に溶けたさまざまな養分を吸収します。二酸化炭素は空気から得られるので問題ありませんが、タネまきや植え付け前に元肥として施した肥料成分は、植物に使われ、あるいは水と一緒に流され、やがて土中からなくなります。緑のカーテンは、通常の栽培よりも長く栽培することから、肥料を補う追肥をまめに施すことが大切です。肥料の種類と、それぞれの性質をよく知り、上手に使いこなして緑のカーテンを楽しみましょう。

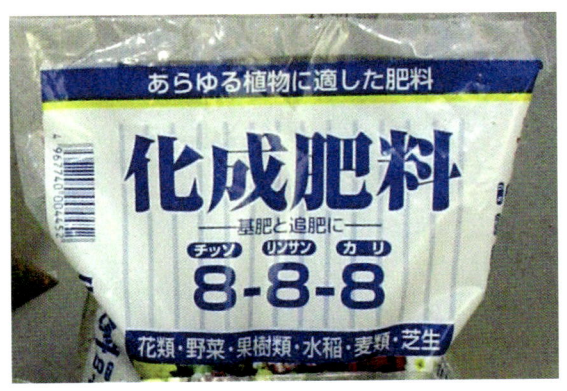

図7　肥料袋に書かれた肥料成分
袋に書かれている「8-8-8」は、N（チッ素）- P（リン酸）- K（カリ）の順番で、肥料100g中にそれぞれが8gずつ含まれていることを示している。

肥料を用意する

植物は、さまざまな成分からできていますが、なかでもチッ素(N)、リン酸(P_2O_5)、カリ(K_2O)は、大量に必要なことから肥料の三要素と呼ばれています。肥料の三要素を主成分とする肥料には、工業的に作られた化学(無機質)肥料と、動植物を原料とした有機質肥料があります。化学肥料の多くは、肥料成分がすぐに溶け出し、植物に吸収され、効果がすぐに表われる速効性肥料です。その効果は1〜3週間程度続きます。化学肥料をミックスして合成した化成肥料(8-8-8)が使いやすいです(図7)。またニガウリなど果菜類には、花をつけ果実を大きくするため過リン酸石灰などのリン酸肥料、根菜類には硫酸カリウムなどのカリ肥料を施すことがあります。

動植物を原料とした有機質肥料は、土のなかで微生物によって分解されてから成分が植物に利用され、効き目がゆっくりなことから遅効性肥料とも呼ばれます。有機質肥料に化学肥料が配合され、効き目が遅効性よりもやや速く、1か月ほど続く緩効性肥料として元肥用に有機配合肥料(7-7-7)、追肥用にIB化成を準備しておくとよいでしょう。

また、土のpH矯正のために用いる肥料として苦土石灰などの石灰質肥料があります。

他には速効性が特に強く追肥として使われる液体肥料がありますが、上述の固形肥料があれば緑のカーテン用には特に準備する必要はありません。

肥料選びのポイント
①元肥用には肥料成分が均等な有機配合肥料(7-7-7)を選ぶとよい。
②元肥・追肥用には肥料成分が均等な化成肥料(8-8-8)を選ぶとよい。
③果菜類用にリン酸肥料として過リン酸石灰を用意しておくとよい。
④pH矯正用には苦土石灰があれば十分。

有機配合肥料
油かすなどの緩効性の有機質肥料に速効性の化学肥料を混ぜた1か月ほど効果が続く元肥向きの肥料。

化成肥料
チッ素、リン酸、カリがバランスよく含まれ使いやすく、商品によるが多くは1〜3週間で効果が切れる速効性の元肥・追肥両用肥料。

IB化成
速効性と緩効性の化成肥料で1〜2か月効果が続く。

硫酸カリ(硫加)
速効性の元肥・追肥用カリ肥料。

過リン酸石灰(過石)
速効性の元肥用のリン酸肥料で堆肥と一緒に施すと肥もちが良くなる。

苦土石灰
苦土(マグネシウム)を含む石灰岩から作られた資材。pHの矯正に一般的に使われる石灰質肥料。

図8 そろえておきたい肥料とその特性

必要なもの──これが決め手の"七つ道具"

ネット
網目の形と大きさに注意

　緑のカーテンならではの資材といえばネットでしょう。植物によっては選び方を間違えるとカーテンがうまくできないことも。また、最近は緑のカーテン用に張りやすい工夫がされた商品もあるので、栽培する植物の種類や場所に応じて選ぶようにしましょう。

　農業の世界はメートル法ではなく尺貫法が基本なので、ネットの単位は半間、つまり90cmが基本になります。そのため幅は、90cm、1.8、2.7、3.6mで種類があり、長さは、1.8、2.7、3.6、5、10mといった具合であります。網目の大きさ（目合い）は、10cmのものが多く、他に15cm、18cmや24cmがあり、その形状には菱目と角目があります（図9、10）。草花や葉が小さく、果実がつかない、あるいは垂れない野菜は、網目が小さくてもOK。果実が垂れる野菜は果実が網目を抜けてうまく下に垂れるよう、目合いが15cm以上のものを選ぶようにします。

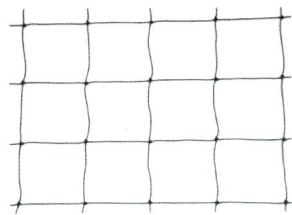
図9　角目
アサガオのようなつる自体がネットに巻き付く植物は角目にする。菱目にするとネットの線に沿って斜めにつるが伸びてうまくカーテンができない。

図10　菱目
キュウリやニガウリなどひげつるを巻き付けながら成長する植物は菱目のネットも使える。

図11　麻ひもネット
ひも自体が天然素材なので、栽培後につるなどと一緒に土に返す、あるいは燃えるゴミとして捨てられる。

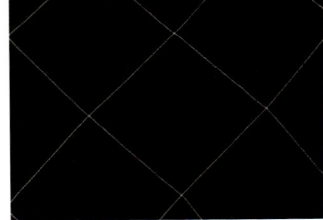
図12　キュウリネット
網目18または24cm・菱目。軽量で安価、ウリ科、マメ科植物の栽培で効果を発揮。

図13　園芸（つる性植物用）ネット
線径や目合いなどさまざまあるが、多くは線径2〜3mmの太糸を使っているので、ヘチマやヒョウタンなど大きな果菜類や学校など大規模なカーテンにも対応。

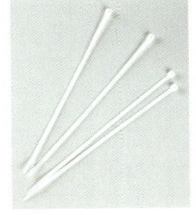
図14　結束バンド（インシュロック）
ネットを結束する便利な資材。

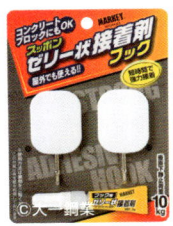
図15　フック
店舗まわりの演出など、ガラス面にネットを張りたいときなどに威力を発揮。使用の際はフックの耐荷重に注意すること。写真は、「スッポンゼリー状接着剤フック」（大一鋼業）。

ネット選びのポイント
①ネット幅は90cm刻みなので、設置場所に応じて幅を決める。
②2階以上の高さで緑のカーテンを作る場合は線径（糸の太さ）の太いものを選ぶ（キュウリネットは避ける）。
③つる自体がネットに巻き付く植物は角目を選ぶ。
④果菜類は目合いが15cm以上のものを選んだ方がよい。

支柱
ネットをピンと張るために

　緑のカーテンの出来は、ネットをピンと張れるかどうかで決まります。ピンと張るために支柱が活躍します。その第一歩は、ネットの上下に入れる横棒です。例えば、ネット幅が90cmの場合は、それよりも30cm程度長い1.2mで太さ2cmの支柱を用意し、ネットの上端と下端に通します。支柱は、表面に突起がついているものが、ネットが滑りにくくて便利です(図16)。最近は、支柱の先がアーチ状に曲がったものや、高さを調節できるものなど、建物に立てかけられる緑のカーテン専用の支柱や栽培セットも売られています(図18)。また、床面と天井で突っ張って支持し収納や物干しに使う突っ張り棒(図20)なども活用できます。

　支柱同士や支柱とネットを結び付けるときには、結束バンドや園芸用の金具などを使用するとしっかりと固定できます(図21、22)。

　緑のカーテンを設置する環境に合わせて、上手に支柱を選びましょう。

図16　突起付き支柱
突起が付いているのでネットを張る際に結束バンドがずれにくく、滑りにくい。樹脂が表面にコーティングされているのでさびや腐食にも強い。直径2cmのものが使いやすい。

ⓒ第一ビニール

ⓒニチカン①　ⓒ積水樹脂②

図17　つり下げ用ネットおよび支柱セット
プランターの縁がストレートでも、かえし付きでも、簡単に取り付けることができるプランターホルダー付きで、横棒用の支柱やネットなどがセットされている。「緑のカーテン　かんたん吊下げ3m」(第一ビニール)。サイズ：幅80cm×高さ3m。

図18　立てかけ用支柱およびネットセット
立てかけ用支柱は、ネット上端を建物などに取り付けられない場合に役立つ。支柱の上部分がアーチ状や曲げられるようになっているものは、出窓がある場合や吐き出し窓などで出入りするスペースが必要な場合に便利。
①伸縮支柱仕様で約1.6〜2.7mの高さに調節可能で、先端パイプがアーチ状になった「エコ de 簡単 麻ちゃんネット支柱」(ニチカン)。サイズ：幅90cm×高さ1.6〜2.7m。
②2か所の可変式ジョイントで奥行・高さが調節できる。「セキスイつる植物栽培セット　立てかけタイプ・スリム」(積水樹脂)。サイズ：幅90cm×高さ2.7m×奥行1m。(※サイズは設置角度・ジョイント角度により多少異なる)

必要なもの──これが決め手の"七つ道具"

図19　コンテナの位置を可変できる支柱セット
ベランダの手すり部分が高く、日当たりが確保できない場合にコンテナの位置を上下に可変でき、支柱も伸縮式で高さを調節できる。「ベランダ用　緑のカーテン（伸縮ワゴンタイプ）」（第一ビニール）。サイズ：高さ1.4～2.4m×幅42cm（台）、80cm（ネット）×奥行42cm、台高14～50cm。

図20　突っ張り棒
突っ張りタイプのカーテンには、ホームセンターなどの家具収納売り場にある突っ張り棒が代用できる。床と天井にしっかり固定できる。「ワンタッチ式突っ張りポールハンガー WJ-120NA」（輸入元：ドリームウェアー）。サイズ：高さ1.7～2.8m。

図21　金属製支柱結束具
支柱の交差部分を連結するときに使うもので、支柱の太さによりサイズを選ぶ。「菜園クロスバンド」（第一ビニール）。

図22　ゴム製結束具
支柱同士あるいは支柱とネットなどの面倒な結束作業がスムーズにできる。「ゴムスビー」（サカタのタネ）。1箱に約250本入り。

図23　スペーサー
立てかけ用支柱の上端を直接壁面に立てかけるのではなく、ネットと窓などの間に空間を確保するために用いる補助部品。角度を変えられるフックが付いていてさまざまな角度に対応できる。「緑のカーテン ワンタッチスペーサー」（第一ビニール）。

図24　転倒防止パーツ
サッシに差し込んで閉めるだけ。工具不要で設置場所を傷つけずに緑のカーテンの風などによる転倒を防止する補助部品。「緑のカーテン転倒防止パーツ」（第一ビニール）。

支柱選びのポイント
① ネット幅より30cm程度長い支柱を用意する。
② 環境に合わせ、立てかけ用資材や突っ張り棒などをうまく活用する。
③ 支柱同士や支柱とネットを結び付けるときは、結束バンドなどを用い、外れないようしっかり固定する。

水やり道具
普段も旅行のときも安心

毎日の水やりは緑のカーテンの基本中の基本。ジョウロやバケツ、自動灌水装置などの道具を状況に応じてうまく使いこなしましょう（図25）。まずタネまきや育苗中は、プレッシャー式の噴霧器が最適。霧状の柔らかい水を狙った所にしっかりとあげることができます。株が大きく育ってきたら、ジョウロやバケツを使います。緑のカーテンは、たっぷり水をあげるため、どれぐらい水をあげたか容量が分かりやすいバケツはおすすめです。

「緑のカーテンが気になって旅行に行けない」「共働きでまめに水やりができない」といった悩みや心配は、特にベランダでのコンテナ栽培や学校、会社での大規模な栽培にはつきものです。そんなときは、自動で水やりができる「灌水装置」（図26）、水を土全体に行きわたらせる「透水剤」（図27）、土の保水性を高める「保水剤」（P.13）などお助け資材が役立ちます。

自動灌水装置は水道の蛇口付近にタイマーを設置し、そこから枝分かれしたチューブをコンテナごとに刺して水やりします（図28）。透水剤は灌水装置とセットで使うと効果的。チューブでの水やりは点滴状のため、部分的になりがちですが、透水材は土の中の水の動きをスムーズにすることで、土全体に水を行きわたらせます。保水剤は乾燥時の体積の数十倍もの水を吸収し、土の乾燥を防ぎます。

図25　基本的な水やりの道具
緑のカーテン以外でも使えるので一通りそろえておくと便利。左からプレッシャー式噴霧器（4ℓ）、ジョウロ（6ℓ）、バケツ（13ℓ）。

図26　自動灌水装置
自動灌水のための資材が家庭用に一式セットになった商品。「緑のカーテン水やりきっと」（サンホープ）。

図27　透水剤
水の表面張力を落とし、土の透水性を高め、あふれるように水やりできない自動灌水で、すみずみまで水を行きわたらせることができる。「サチュライド」（オーシャン貿易）。

図28　灌水装置のチューブ
根元から少し離れた所に突き刺す。

育て方　13の作業と失敗しないポイント

タネまき（播種）・育苗
タネまきは通常より遅い方が良い

芽出し（催芽）

ニガウリやアサガオのタネは硬実種子といい、皮が厚く硬く吸水しにくいため、そのままでは芽が出ないことがあります。ニガウリは、30〜40℃の湯に4時間、あるいは水に一晩浸けてから(P.21、37)、アサガオはヤスリなどで根の出る部分の皮を削るなどしてから(P.55)タネをまくと発芽しやすくなります。また、50〜200ppmに希釈したジベレリン水溶液にタネを数時間から半日程度浸す方法も、花、野菜の種類を問わず発芽を促すことができます(図29)。

図29
植物成長調整剤(ジベレリン)

タネまき

タネが芽を出すためには、温度、水、酸素が必要です。どれか一つが欠けてもタネは芽を出しません。これらの3条件を満たし一斉に出芽させることこそ、タネまきのポイントなのです。

①発芽適温を必ず維持する

3条件の中でも温度は特に重要で、土から芽を出すまでは「地温」に敏感です。さらに、一斉に出芽させるためには、それぞれの植物の発芽適温を維持するようにします。緑のカーテンに用いる植物の多くは、適温が20℃以上の高温性植物で、八重ザクラの咲くころ(温暖地で4月中旬〜5月上旬)以降がまき時期ですが、5月中は気候が不順なので出芽をそろえるた

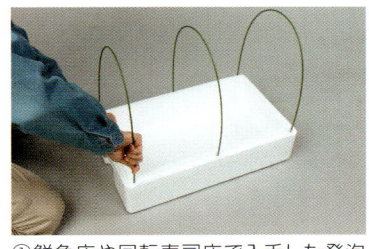

①鮮魚店や回転寿司店で入手した発泡スチロール製のトロ箱の縁に、アーチ状に曲げた園芸用支柱を刺す。

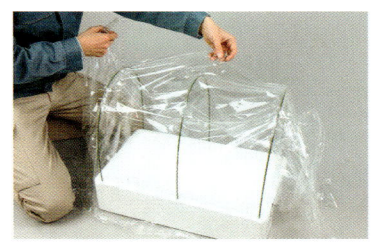

②プラスチックフィルムをかける。

③すそをひもでしばる。

④完成。

図30　保温箱の作り方

図31　加温
保温よりもさらに強力な方法で、断熱材の上に電熱線を敷いて、保温のためのフィルムをかけ、タネまき・育苗する。

図32　2階分程度の高さ（5m）に張ったニガウリの緑のカーテン
タネまき6月3日、植え付け6月30日。左：8月3日、右：8月30日。

め、保温箱などでの保温が必要です。保温箱は図30のように作ることができます。昼間は保温箱を日当たりの良いところに置き、夜は室内に入れて温度管理します。晴れた日は保温箱のフィルムをあけて換気し、温度や湿度を調整します。

　緑のカーテンが必要なのは梅雨明けからです。ニガウリなら5月下旬にタネまきし、6月中旬に定植すれば、梅雨明け（関東甲信から中国地方にかけては平年7月21日ごろ）から緑のカーテンとして機能します。

　しかし、この場合は8月下旬には株が疲れてしまう可能性があります。タネまきから緑のカーテンとして機能し始めるまでに、6〜8週間ほど。残暑の厳しい時期にもシェードとして機能させたいのであれば、6月中〜下旬にタネまきして、7月上〜中旬に苗を植えつけるスケジュールがベストです（図32）。6月なら保温することなく発芽適温を十分確保できます。

②出芽までは水を切らさない

　発芽は乾いたタネがまず水を吸うことで始まります。土から芽を出すまでは土が乾かないようにすることが大切で、出芽までは乾かさないように、まめに水やりします。

　出芽後は一転して土が乾いたらたっぷり、しかもメリハリをつけて水やりするようにしましょう。ただし、出芽後に土が乾いたかどうかは、一日植物に付き添うわけにもいかないので、晴れるようなら朝、鉢の底から水が出るまでたっぷりとやります。葉が垂れていない限り、一日曇りや雨ならやらなくても大丈夫です。水やりの際、出芽までは土やタネが流れ出ないよう、出芽後は植物にかからないように、プレッシャー式噴霧器やジョウロでやさしくやります。

③市販の培養土を使えば酸素は十分

　海岸の砂地と野山の土では、後者のほうが明らかにフカフカで空気を多く含むことがわかります。P.12のように土をつくってもよいですが、最初は衛生的で、腐葉土など有機質の土を多く含み、空気も多く含む市販の培養土を使えば、タネは酸素を十分に得ることができます。

育て方──13の作業と失敗しないポイント

①硬実種子のニガウリは、30〜40℃の湯に4時間、あるいは水に一晩浸けて芽出し処理をする。

②培養土を入れた9cmのポリ鉢に、ニガウリの場合は、深さ約1.5cmのまき穴を2か所あける（鉢底の穴は、タマネギの皮や落ち葉などで防ぐとよい。植物の種類によりまき穴の深さは5mm〜1.5cmにする）。

③各穴にタネを1粒ずつまく（平らなタネは平らな面を下にしてまく）。

④タネに土をかける。

図34 発芽促進処理済みのタネ
タネ袋にこのような記載がある場合（アサガオの例）は、すでに芽出し処理がしてあるので、タネに傷をつけたり、水に浸けてはいけない。

⑤土表面を軽く手で押さえ、土とタネを密着させる。

⑥しっかり水やりし、日当たりの良いところへ。必要に応じ保温箱などで管理する。

図33 実際のタネのまき方（ニガウリの場合）

> **タネまきのポイント**
> ①硬実種子は芽出し（催芽）をする。
> ②発芽適温（地温）を必ず維持する。
> ③出芽までは水を切らさない。
> ④保水、排水、通気性に富む良い土にまく。

育苗

　出芽が始まったら、もやしのような苗にならないように日当たりと風通しの良いところで管理します。さらに、本葉が出てきたら頃合いを見て間引きをします。ニガウリの場合は本葉2枚程度までに間引きをします。

　間引きのポイントは、健全で平均的な苗を残すことです。したがって、苗は出芽が早すぎても遅すぎてもダメです。生育にばらつきがあると、良い株の陰になった他の株の生育はさらに悪くなります。また、子葉（双葉）や本葉の数あるいは形、それに色などが普通でない株、葉が虫に食べられている株、病気の株、もやし状に伸びてしまった株も間引きの対象です。間引きする株は引き抜かずハサミで切ると、残す株を傷めません（図35）。

図35 間引き
引き抜かずハサミで切れば、残す株へのダメージが少ない。

> **育苗のポイント**
> ①日当たり、風通しの良いところで育てる。
> ②朝にたっぷり水やりし、雨や曇りの日はしない。
> ③本葉2枚程度までに間引く。

ネットと支柱の設置
どんな場所にも設置可能

　つる性植物は、他の植物と異なり自立することは困難です。野生では地をはうようにつるを伸ばし、支えになるものがあればそれを頼りに、つるを上へ伸ばしていきます。緑のカーテンではネットを張ることでつるを面で伸ばします。

　カーテンの設置場所を決めたら、ネットを張れる金具などがあるかないかをよく確認し、どんな方法が適しているかを考えます。そして、位置を決めたら張る場所の採寸をします。農業・園芸用のネット幅の単位は半間つまり90cmが基本で、90cm、1.8m……とあります。建築の世界も多くは尺貫法で表わすので、例えば掃出し窓1枚分の幅は半間の90cmです。したがって、窓2枚分ならばネット1.8mの幅があればよいことになります。ネットの長さは、1.8から10m以上まであります。戸建ならば1階の階高は2.85m前後、2階だと2.7m前後なので、これを基準に、垂直に張るか斜めに張るかで長さを割り出すとよいでしょう。

　果菜類を育てる場合は、果実の重みでネットに大きな負担がかかります。さらに、雨でぬれても、風を受けてもネットにかかる荷重は大きくなります。風雨の強い台風ともなると、ネットそのものが破損し、場合によっては外れるといった危険性も出てきます。

　大切なのは糸の太さ(線径)と張り方です。1階程度の高さであれば、細目の糸でできたキュウリネット程度でも問題ないのですが、2階以上の高さであれば、糸は撚られた線径の太いものにします。

　また、ネットのたわみは破損のきっかけになるので、できるだけピンと張ってしっかりと固定することが大切です。支柱や物干し竿はネットの上下に縫うように通し、結束バンドなどでしっかり留めます。上端は建物などに、下端は、地面であればペグ(杭)で固定し、ベランダの格子であれば下部で結束バンドを使い固定するか、直接ネットを結びます。あるいはコンテナが大容量の場合は、コンテナの下にネットをはさみこむこともできます。このとき、果実が垂れてつく果菜類や、葉が大きめの植物は、ネットが地面に対してできるだけ70°程度の角度になるようにしましょう。ネットに角度をつけることで、風などによりネットと花や葉、果実がこすれることによる傷みが少なくなります。その上でネット左右に絡めたロープ(立てかけタイプでは支柱)を引き締め、たわみのないようにピンと張ります。高所作業では、転倒や落下などに十分気を付けましょう。

　また、コンテナはネットの内側(家屋寄り)に設置するようにします。こうすることで、日光が土表面に直接当たり暑さで根が傷むことや、土の乾きを軽減することができます。さらに、通気の確保や虫などの侵入を防ぐために、コンテナはできるだけ地面に直置きせずブロックなどをかませて空間をつくるようにします(図41)。つるが直接巻き付くアサガオなどはネットの代わりにひもを縦に張る方法もあります。

図36　ベランダの物干し竿をかけるフックを利用したつり下げタイプのカーテン(キュウリ)

図37　下端を地面に固定したつり下げタイプのカーテン(ニガウリ)

育て方──13の作業と失敗しないポイント

つり下げタイプ（図36、37、38）

物干し竿をかけるフックや、2階のベランダのフェンスを利用してネットをつり下げます。1階ではネットの下端は支柱を通してコンテナの下に敷くか、庭の場合は留め具などで固定、2階より上ではベランダの場合は手すりなどに結び付けます。手すりなどを利用する場合は、支柱を入れずに直接しばりつけても良いでしょう。

立てかけタイプ（図39、40）

建物に工作してフックなどを取り付けられない場合に、役立つのがネットの上下左右に支柱を通して、壁などに立てかける方法です。ネットの中ほどの位置に、平行に棒を渡すと丈夫になります。支柱の交差部分は専用の資材を利用するか、結束バンドやひもなどでしっかり固定します。さまざまな商品が出ているのでそれらを入手するとよいでしょう（P.17）。上下ともに固定するようにします。上端は、サッシに差し込んで閉めるだけで固定できる補助部品（P.17）などで、下端はつり下げタイプ同様にレンガなどで固定します。コンテナに差し込む場合は、ネットの内側に苗が来るようにしましょう。

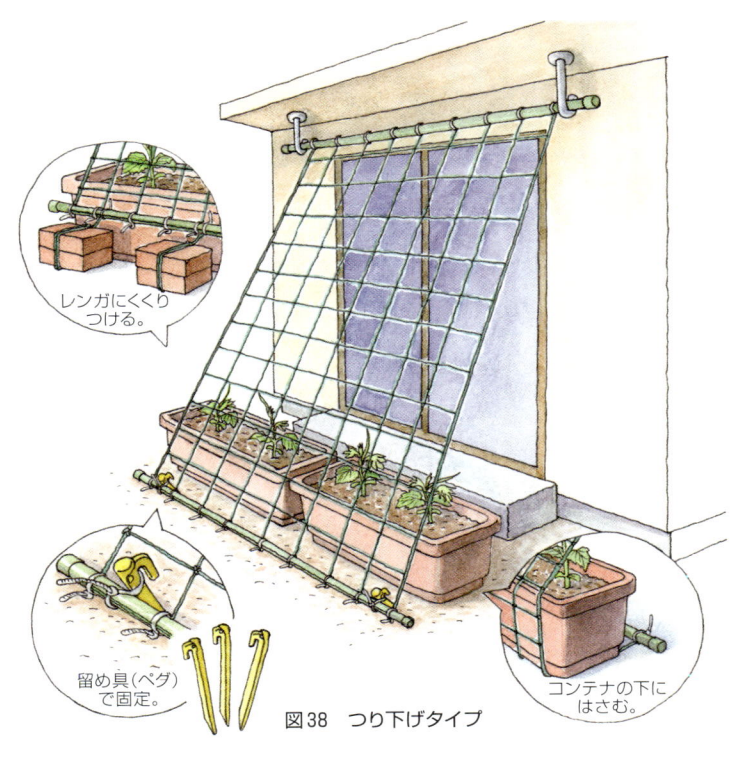

図38　つり下げタイプ

図39　立てかけタイプ

図40 立てかけタイプのカーテン（ミニメロン）

突っ張りタイプ（図41、42）

　立てかけタイプ同様に、建物に固定金具が取り付けられない、立てかけるとカーテンが邪魔になる、日当たりの関係でできるだけベランダなどの前面にカーテンを出したい、といった場合におすすめなのが、突っ張り棒（P.17）を使った方法です。クローゼットや物干し用に使うものを代用することができます。突っ張り棒には、耐荷重があるので、確認し、横からの力には弱いので注意しましょう。ネットの上下は支柱に、左右は突っ張り棒に通し固定します。突っ張りタイプはネットが垂直になるため、果菜類では果実に傷がつく恐れがあります。

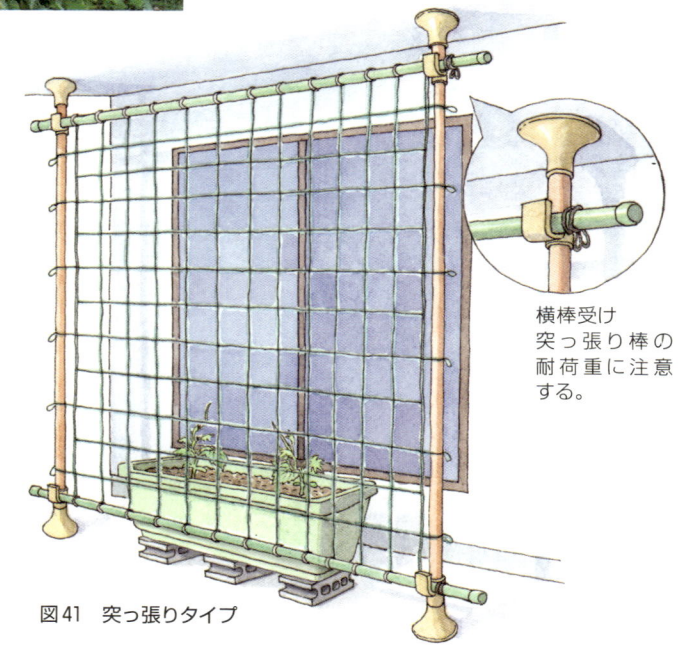

横棒受け
突っ張り棒の耐荷重に注意する。

図41 突っ張りタイプ

図42 マンションでの突っ張り棒による設置例（ニガウリ）

> **ネットや支柱の設置のポイント**
> ①ネットの上下は支柱、左右はロープや支柱を使いピンと張る。
> ②草花や葉菜類を除いて、できるだけネットは70°程度の角度をつける。
> ③支柱はいずれもしっかり固定する。

育て方──13の作業と失敗しないポイント

植え付け（定植）
土は多め、間隔を確保

　苗がある程度の大きさになったら緑のカーテンを設置する場所に置いたプランターなどのコンテナに植え付けます。

　この際、育苗した場所と植え付け場所で気温が異なる、特に気温が低い時期に植え付ける場合に「ならし」を行ないます。ならしは、植え付けの数日前から保温箱のフィルムを日中あけるなどして徐々に苗を外気温にならす作業です。これは購入したての苗や保温箱で育てた苗が植え付け環境になじまず生育が悪くなるのを防ぐために行ないます。

　植え付けは、雨の日や風の強い日は避けるようにします。定植前、苗にしっかり水をやっておきます。バケツなどにはった水に浸けてもよいです（図43）。少し時間をおいて水が切れたら植え付けます。コンテナには縁から2～3cm下まで培養土を入れます。コンテナの底の穴はタマネギの皮や落ち葉でふさいでから土を入れると便利です。園芸書によっては鉢底石を敷いてから培養土を入れるように指示しているものもありますが、その必要はありません。植え穴をあけて、土を崩さないように鉢をはずして、地面よりも鉢土の上の面がやや高くなる程度に浅めに植え付けます。

　さらに必要に応じて苗が倒れないように、仮の支柱をして、麻ひもなどで結んでおきます。最後に、活着といって根づくのを促すために、水が苗のまわりにたまるぐらいたっぷりやります。

　5月中までの気温が低い時期は、植え付け後に苗にホットキャップをかぶせて2～3週間保温や風対策をすると安心です（図44）。

　コンテナのサイズは、P.11で紹介したとおり、土の乾きや水やりの手間を減らせ、株を大きく育て、葉をたくさん茂らせ、緑のカーテンを長く楽しむため大容量のものを選ぶことをおすすめします。

　さらに、「苗を植えすぎない」ことも大切です。株数が増えると、栄養や水を奪い合います。

　また、品目により成長や栽培の仕方が異なるため、同一コンテナに異なる品目を混植することは極力避けましょう。

①苗は植え付け前に水に浸け、植え付け前までに水切りしておく。

②植え穴をあける。

③鉢をはずして植え付ける。

図44　ホットキャップ

④仮の支柱にしばる。

⑤たっぷり水をやる。

⑥30ℓで1株、45ℓで2株が目安。

図43　植えつけ方（ニガウリの場合）

植え付け（定植）のポイント
①気温の低い時期は苗を外気温にならしたり、ホットキャップなどで保温する。
②植え付け前も植え付け後も水をたっぷりやる。
③雨の日や風の強い日は避ける。
④苗は浅めに植える。

水やり（灌水）
切らさないようにたっぷりと

蒸散量が多い緑のカーテンは、水やりが大切です。水やりはメリハリを付け、やるときはしっかりやり、雨などで乾きにくい日は控えます。

また、苗をコンテナに植えつけた直後は、まだ活着も十分でなく、株も大きくないので、株のまわりにジョウロなどでやさしくやる程度で、頻繁に水やりする必要はありません（図45）。

しかし、その後、摘芯し、子づるが伸び始めると、土は乾きやすくなります。こうなるとジョウロでは間に合わないので、晴れるようなら、朝にバケツなど水やりした量がしっかり分かるものを使い水やりします。真夏は、日中にもう一回水やりが必要なことがあります。このとき、水が高温になっていることがあるので、必ず水温を手で確認し、ホースなどから直接水やりすることはできるだけ避けましょう。

水やりのコツは「コンテナの縁からあふれるぐらいまで」やることです。土はコンテナの8分目ぐらいまで入れ、残り2割をウォータースペース（図46）と呼ばれる土を入れない部分にします。あふれるぐらい水やりすると、サイフォンの原理で土の表面から空気が入り、植物の根と土の中の微生物が必要とする新鮮な空気が土中に取り込まれます。土表面の一部だけに水やりをすると、水が抜けきらず、土中に水が行きわたらないばかりか、空気も入れ替わらず、病気や根腐れの原因になります。

また、出張が多い、学校や職場で休みの日は水やりできない、大規模に緑のカーテンを実施するといった場合に威力を発揮するのが、タイマー付きの自動灌水装置です（P.18）。装置を使った場合、早朝か、夜に3時間程度かけてゆっくり灌水します（図47）。

図45　水やり
植え付け直後は株まわりにやさしくやる。

図47　自動灌水装置
メロンの株元に刺し込まれた灌水チューブ。

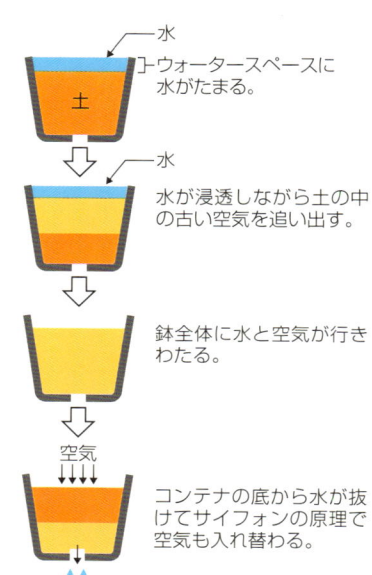

図46　水やりで土中の空気が入れ替わる原理

- ウォータースペースに水がたまる。
- 水が浸透しながら土の中の古い空気を追い出す。
- 鉢全体に水と空気が行きわたる。
- コンテナの底から水が抜けてサイフォンの原理で空気も入れ替わる。

水やりのポイント
①朝やり、盛夏は夕方もやる。
②メリハリをつけ、やるときはしっかりバケツなどでやる。
③雨などで乾きにくい日は控える。
④株には水をかけない。
⑤真夏の日中に水やりする場合は、必ず水温を手で確認する。

育て方——13の作業と失敗しないポイント

摘芯・わき芽かき
つるを茂らせ、花を咲かせ、実をならせるために

摘芯

　つるの先端には成長点があり、活発に細胞分裂しながらつるを伸ばし、葉を増やしていきます。頂芽優勢といい、つるの先端の成長点が伸びているとき、葉とつるのわきにあるわき芽の成長点は伸ばさない性質があります。したがって、そのままではネットを張ってもつるは横に広がりません。

　そこで、本葉が数枚の時に、成長の盛んな親づるの先端を摘み取る摘芯をします（図48）。摘芯をすることで、わき芽が伸び子づるになり、さらに子づるのわき芽も伸びて孫づるになり、葉に覆われたカーテンができます。また、多くの植物は子づるや孫づるに花がつきやすく、特にウリ科植物は、これらに雌花がつきやすいことから、果実をならせたい場合にも摘芯をします。このとき、ウリ科植物で果実の収穫を優先する場合は、各品目ごとに決められた位置で摘芯をしますが、葉の茂りを優先して早く茂らせたいときは、通常より高い位置で摘芯します（ニガウリなら通常本葉5、6枚のところ、7、8枚で摘芯。図49）。

図48　摘芯の様子（ニガウリ）

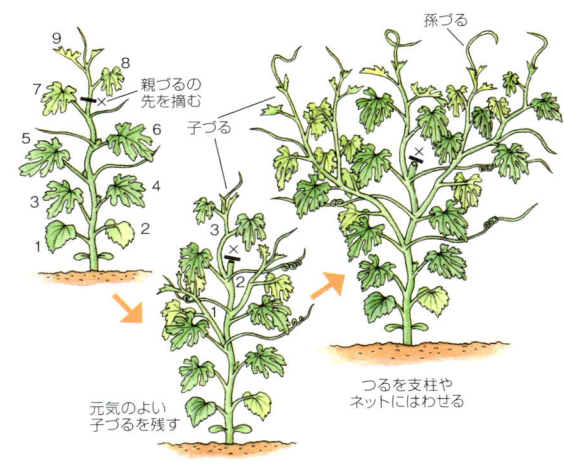

図49　摘芯の手順（ニガウリ）

摘芯のポイント
①摘芯の位置は各品目ごとに異なる。
②果実を早くならせたいときは適正位置で摘芯する。
③葉を茂らせたいときは、収穫目的のときより多い本葉の枚数で摘芯する。

わき芽かき

　わき芽かきは必要なつるに養分を集中させるために不必要なわき芽を摘み取ることです（図50）。特に果菜類では果実をならせるために必要です。また、接ぎ木苗では、台木からつるが伸びることがあり、台木に出る芽は早めに摘み取ります。

図50　わき芽かきの様子（キュウリ）

わき芽かきのポイント
①不要なわき芽は、つるになる前に早く取り除く。
②接ぎ木苗の場合、台木から出る芽は必ず早めに取り除く。

誘引
つるの結び方・導き方

　植物体を支柱やネットにひもで結びつけることを誘引といいます。つるをネットへ麻ひもなどで結びつける際は、つるの成長、肥大などを考慮に入れて、ひもが成長の妨げにならないように、一般的には、ひもとつるの間に遊びができるように8の字を描くように結び付けます（図51）。ネットの内側から誘引すれば、葉などを気にせず作業することができます。

　また、ネットの手前に置いたコンテナから、つるが伸びてネットに届いたら、ネットの外側へつるを出して誘引します（図52）。

　さらに、カーテン状に張らせるため、できるだけ横に広げるように子づるや孫づるを、誘引します（図53）。また、カーテンの下の方の葉が老化して黄色くなる、あるいは枯れてきた場合には、上からつるを降ろして誘引すると、その部分を隠すことができます。

　また、つる自身がネットに巻き付く植物の場合、つるをネットからはずして再度、巻き付けるときは、植物によって巻き付く方向が異なるので注意します。例えばアサガオは左巻きにします。

> **誘引のポイント**
> ①ネットの内側から誘引すると作業しやすい。
> ②つるにひもをかけてから、8の字を描くように結びつける。
> ③ネットの幅を生かすようにつるを誘引する。

①つるにひもをかける。

図51　誘引

②ひもを1、2回交差させ、支柱やネットへ8の字を描くようにひもの両端を持っていく。

③支柱やネット部分でひもを1回まわす。

④蝶々結びをして、誘引完了。

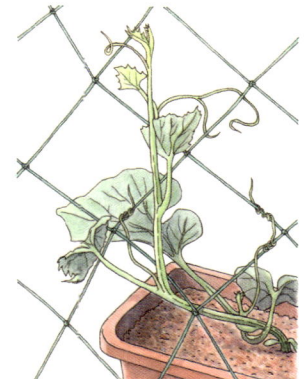
図52　つるをネットの外へ出して誘引（メロン）

図53　誘引によって横に広がったつる（ニガウリ）

育て方——13の作業と失敗しないポイント

追肥
早め・多めで葉が茂る

　植え付け前に土に施す元肥として化学肥料を施した場合は約3週間、有機配合肥料を施した場合は1か月ほどで肥料の効果が切れてきます。緑のカーテンは長く栽培するので、追肥で後から養分を補う必要があります。

　追肥を開始するタイミングは品目により異なりますが、果実の収穫や花の観賞を目的とした場合、多くの果菜類は果実のついたころ、草花は花が咲き始めたころから施します。ただし、緑のカーテンは葉を茂らせることが目的です。植物は、肥料が多いと葉やつるがよく茂り、花や果実がつきにくくなる「葉ばかりさま」になります。この性質を利用し、通常より早く多めの肥料を施せば、花や果実のつきを抑え、葉を茂らせることができます。以後は、1週間に1回のタイミングで化成肥料を継続してやることが大切です。液体肥料でもかまいませんが、その場合は薄い液肥を水やりのたびにやる必要があり、化成肥料のほうが合理的です。植物は、水に溶けた養分を根の先端で吸うため、肥料は株元ではなく、株元から離してコンテナの周囲に施し、水やりしておきます（図54）。

　肥料を施すときに役立つのが自分の手です（図55）。自分の手で施肥量がどれくらいなのか事前に量っておけば、それが「手秤（てばかり）」になります。たとえば、成人男性の手なら、3本指で1つまみは約1.5g、5本指で1つまみは約5g、片手で1にぎりは約30gというように、平均してどれくらいか知っておくと大変便利です。0.1gから量れる電子秤は、微量の肥料や農薬を量るのに便利です。

> **追肥のポイント**
> ①追肥は定期的にまめに施す。
> ②緑のカーテンでは多めに施す。
> ③化成肥料を手秤で大胆にやる。
> ④肥料は株元から離してコンテナの周囲に施す。
> ⑤追肥を施したら水やりする。

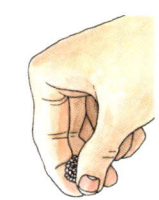
①施肥　②棒で土に混入　③水やり

図54　追肥の手順

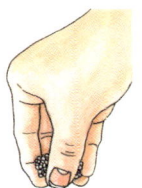

3本指で1つまみ（約1.5g）。　5本指で1つまみ（約5g）。　1にぎり（約30g）。

図55　肥料の量り方（手秤）

根を守る「増し土」「マルチ」

　つる植物の多くは、根が地面に近いところに浅く張る特徴があります。直射日光が地面に当たると熱で根が傷むので、落ち葉や腐葉土などで地面を覆う「マルチ」をすると、熱を遮断し、蒸発による土の乾きを防ぎ、隙間に根が張ることで株の衰弱も抑えられます（図56）。

　また、コンテナ栽培では時間が経つと土が沈むので、必要に応じて土を足す「増し土」をします。新しい根が伸びて追肥の効果を高めることができ、株自体の活性を高められます。このとき、コンテナ内にたわんで垂れているつるが埋まるほど土を入れると、害虫などに食害され枯れてしまうこともあるので注意しましょう。垂れているつるは誘引し、埋まらないようにします。

図56　落ち葉マルチ（キュウリ）

授粉
確実な収穫のために

　野菜で作った緑のカーテンであれば、やはり収穫も楽しみたいものですね。ニガウリやメロンなどのウリ科植物やパッションフルーツはひと手間かけることでそれが確実になります。授粉しなくても果実が肥大するキュウリを除くウリ科植物の多くはミツバチなどの昆虫が授粉を助けています。

　しかし、環境の悪化によるそれらの昆虫の減少や、マンションの高層階などは昆虫が飛んで行けないことから、授粉が確実にされないことがあります。そんなときは、人が雄花を摘んで雌花の柱頭に花粉をつける人工授粉をしてやると確実に果実をならすことができます（図57）。スイカ、メロン、カボチャでは、時間が経つと花粉の受精能力が低下するので午前9時ぐらいまでに授粉を完了させるようにしましょう。なお、パッションフルーツは、開花したらその日のうちに授粉するようにします。

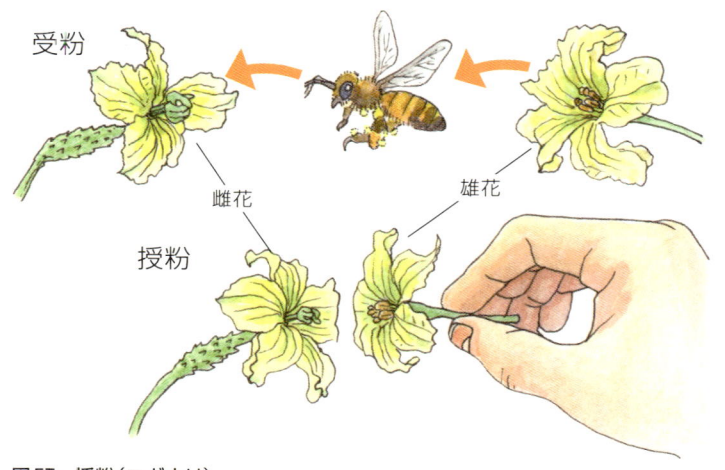

図57　授粉（ニガウリ）

> **授粉のポイント**
> ①多くのウリ科植物の授粉は午前9時までに行なう。
> ②収穫日が授粉した日からの日数で決まるスイカやプリンスメロンは、授粉日を記録しておく。

摘花・摘果・花がら摘み
カーテンと収穫を両立

　摘芯をすると、つる数が多くなる一方で、花がたくさん咲きます。ウリ科植物では雌花がつきやすく、果実もなりやすくなります。

　しかし、緑のカーテンは葉を茂らせることが目的です。果実のならせすぎは株の勢いを弱らせるので、不必要な雌花や果実を早めに摘む「摘花」や「摘果」をします。蕾のうちに摘むとさらに効果的です。カーテンと果実の収穫を両立させたいのであれば、カーテンができてから着果させ、その数も最低限にすることが大切です。

　また、草花も花が終わるとタネをつけます。これも放っておくと株が弱る上、枯れた花は見た目も悪く、病気になりやすいので、花がらは早めに取り除きます。

> **摘花・摘果・花がら摘みのポイント**
> ①摘花はできれば蕾のうちに行なう。
> ②摘果はハサミを使った方が株を傷めない。
> ③草花では枯れた花は早めに摘み取る。

育て方——13の作業と失敗しないポイント

収穫
カーテンができるまでガマン

青果の収穫は、野菜で作った緑のカーテンならではの醍醐味でしょう（図58）。未熟果を収穫するキュウリ、ニガウリ、マメ類などは、果実が品種ごとの標準的な大きさになったら収穫します。ただし、より未熟なうちに収穫できるのであれば、その方が株も弱らずカーテンも長持ちします。

一方で、メロンやカボチャなど完熟果を収穫する野菜は、完全に熟さないと果肉の糖度などが上がりません。完熟果の収穫には、たくさんの養分と長い時間が必要です。したがって1株あたりにならせる完熟果は適正な数にしないと株への負担が大きくなり、緑のカーテンの茂りが悪くなるので注意しましょう。

いずれも、カーテンと果実の収穫を両立させたいのであれば、カーテンができてから着果させるとよいでしょう。

図58 完熟したミニメロン「ころたん®」の収穫

収穫のポイント
①未熟果を収穫する果菜類は、標準的な大きさ、もしくはそれよりも未熟なときに収穫する。
②完熟果を収穫する果菜類は、果実をつけ過ぎないようにする。
③できればカーテンができてから果実をつけるようにする。

タネ採りで注意したいこと

野菜も花も、最後にはタネが採れます（図59）。自分で採ったタネをまいてみるのも楽しいものです。F_1品種と呼ばれる雑種のタネは、病気に強い、そろいが良い、収量が多いなどさまざまな特長があります。一方で、その子孫、つまり自分で採ったタネは、育てても親とは異なったバラバラの形態や性質になります。次の年も、同じような特長の緑のカーテンを育てたいのであれば、タネの購入をおすすめします。

また、固定品種のタネや、挿し芽で増やせる品種は、遺伝的に同一のものを増殖させることができます。この品種を第三者が増殖して譲渡や販売をすると、品種をつくった人（育成者）は正当な対価を得ることができません。そこで、育成者の利益を守るため、国内では種苗法に基づく制度として品種登録があります。登録品種を勝手に第三者が譲渡や販売をすると種苗法違反となることがあり、罰則があるので注意が必要です。

図59 ニガウリの完熟果のタネ

病虫害防除
有機栽培対応の資材も

　緑のカーテンを栽培する夏は、気温も湿度も高く、害虫や病気の被害に遭いやすい季節でもあります。その防除には農薬しかないような気がしますが、さまざまな方法を知っていれば、意外と薬の世話にならないで済むものです。

　また、農薬も進歩していて、化学農薬だけではなく、天然物由来で有機栽培にも使える自然にやさしい製品さえあります（表1）。これらの安心して使える農薬は、"切り札"としてとっておきましょう。病害虫は、予防、判断、防除の順番で適切な方法を選択して、効果的に防ぎます（図60）。

　農薬使用の際は、容器のラベルに表示されている、その農薬を使ってもよい作物（適用作物）に注意して、決められた方法で使用しましょう。農薬散布は、病虫害がひどくなってからではなく、初期に行なうのが基本です。そのためにも日々の観察により、被害の兆候を察知することが大切です。散布は噴霧器を使い、ノズルは下から上へ移動させ、植物体にまんべんなく、葉の裏などにもかかるように行ないます。雨の日は乾きにくく、また晴れた夏の日中などは農薬の害が生じることがあるので注意しましょう。

病害虫防除のポイント
①抵抗性品種を選んだり、輪作をして予防する。
②毎日よく観察する。
③自然にやさしい方法で防除する。

表1　主な病害虫と農薬

	農薬名	有効成分	主な商品名	主な適用病害虫	有機栽培適合資材	由来
殺虫剤	デンプン液剤	デンプン	粘着くん液剤	ハダニ類・アブラムシ類・コナジラミ類	○	天然物
	還元澱粉糖化物液剤	還元澱粉糖化物（還元水あめ）	エコピタ	コナジラミ類・ハダニ類・アブラムシ類・うどんこ病	○	天然物
	スピノサド水和剤	スピノサド	スピノエース顆粒水和剤	ヨトウムシ類・コナガ・アオムシ・オオタバコガ・アザミウマ類・ハモグリバエ類	○	天然物
	オレイン酸ナトリウム液剤	オレイン酸ナトリウム	オレート	アブラムシ類・コナジラミ類		天然物
	脂肪酸グリセリド乳剤	脂肪酸グリセリド	アーリーセーフ	ハダニ類・アブラムシ類・コナジラミ類・うどんこ病	○	天然物
	ミルベメクチン乳剤・水和剤	ミルベメクチン	コロマイト水和剤 コロマイト乳剤	ハダニ類・コナジラミ類（乳剤のみ）・ハモグリバエ類（乳剤のみ）		天然物
	ＢＴ（バチルス・チューリンゲンシス菌）水和剤	バチルスチューリンゲンシス菌の生芽胞および産生結晶毒素	ゼンターリ顆粒水和剤	ヨトウムシ類・アオムシ・オオタバコガ・コナガ	○	天然物
	除虫菊乳剤	ピレトリン	パイベニカスプレー	アブラムシ類・アオムシ		天然物
	ニテンピラム水溶剤＊	ニテンピラム	ベストガード水溶剤	アブラムシ類・アザミウマ類・コナジラミ類		化合物
	アセタミプリド水溶剤＊	アセタミプリド	モスピラン水溶剤	アザミウマ類・コナジラミ類・アブラムシ類		化合物
殺菌剤	炭酸水素カリウム水溶剤	炭酸水素カリウム	カリグリーン	灰色かび病・うどんこ病・さび病	○	無機物
	銅水和剤	塩基性塩化銅	サンボルドー	斑点性の病気（疫病、かいよう病、そうか病、べと病、炭そ病、斑点細菌病、褐斑病）、もち病、赤焼病、褐色腐敗病	○	無機物
	炭酸カルシウム水和剤	炭酸カルシウム	クレフノン、アプロン	銅水和剤による薬害の軽減	○	無機物
	非病原性エルビニア・カロトボーラ水和剤	非病原性エルビニア・カロトボーラ CGE234M403	バイオキーパー水和剤	軟腐病		天然物
展着剤＊＊	展着剤	ポリオキシアルキレン脂肪酸エステル	ハイテンパワー			天然物

＊………天然物や無機物ではないが有用生物・天敵への影響が少ない
＊＊……植物や病害虫への付着を促し、水和剤が水に均一に混じりやすくするために用いる

　表の農薬などは、登録農薬の変更により使用できない場合がある。農薬を使用する場合は、必ず農薬のラベルや説明書で対象植物、病害虫名、使用方法などを確認の上、適正に使用すること。
　本表は2013/04/06現在のもので内容は適宜変更されるので、各薬剤についてホームページなどで確認すること。

育て方——13の作業と失敗しないポイント

【予防】まず病害虫の発生しにくい環境をつくる。
- 土壌消毒や輪作をする。
- 種子消毒されたタネを使う。
- 病気などに対する抵抗性の品種を使う。

【判断】日々の観察により、被害の兆候や状態を察知し、防除方法や時期を判断する。
- 毎日よく観察する。
- 変化を察知したら調べる。

【防除】被害が生じると判断したらさまざまな手法で防除する。
- 害虫を手や粘着くん液剤など気門封鎖剤で殺す。
- 微生物を用いた殺菌や殺虫。
- バチルス・チューリンゲンシスの持つ殺虫タンパク質（BT剤）を用いた防除。
- 害虫だけに効果のある選択性農薬。
- 害虫の成長を制御する農薬。
- 食品添加物で殺菌作用のある農薬。

図60　病害虫防除の流れ

片付け
カーテン後に秋作の楽しみも

夏の間、シェードとして機能し、癒しを与えてくれた緑のカーテン。その役割を終えた後、放置するのではなく、来年の緑のカーテン作りや秋からの野菜や花作りのため、早めに片付け、土の管理をしておきましょう。

ネットに絡みついたつるは、枯れて乾いてからの片付けではゴミが飛散するので、緑のうちにハサミでつるを細かく切って取り除きましょう（図61）。キュウリネットは使い捨てですが、線径の太いネットは上下の支柱に巻き取っておけば来シーズンもまた使え、紫外線によるネットの劣化も防げます。

また、緑のカーテンに使った土を捨ててしまうのはもったいないので、特に大きなコンテナは秋からの野菜作りに最適です。一作入れることで連作障害の回避にもつながり、これまた一石二鳥です。

秋からは日がだんだんと短くなり、気温が徐々に下がっていくので、病害虫や雑草が出にくく、土の乾きも少なくなり、園芸にはもってこいの季節といえます。

一方で、秋まき時期が少し遅れるだけで、収穫時期が大幅にずれ込むので、タネ袋やラベルに書いてあるまき時期を確認してから、栽培を楽しんでください。

例えば、秋から冬にかけて収穫する野菜のタネまきは7月から始まりますが、緑のカーテンが終了するのは早くて9月からになります。温暖地では9月に、青首ダイコンのタネまき、ブロッコリー、カリフラワー、芽キャベツなどの苗の植え付けができます。また、ミニチンゲンサイや小カブ、ミズナ、ホウレンソウそれにレタスの仲間は10月いっぱいまで、ソラマメなら11月上旬、エンドウは11月下旬まで、タネまきできます。

図61　片付け
つるは緑のうちにハサミで細かく切って取り除く。

片付けのポイント
①つるは乾いてしまわないうちに取り除く。
②ネットは支柱に巻き取って保存する。
③秋作を入れ、連作障害を防ぐ。

育て方——13の作業と失敗しないポイント

土の再生
病虫害・連作障害を防ぐ

　同じ土を使って同じ仲間（科）の作物を続けて作る（連作する）ことで、病気にかかりやすくなったり育ちにくくなったりすることを連作障害といいます。特定の養分の欠乏や病害虫の蔓延（まんえん）、植物が他の植物を排除しようとして出す「アレロパシー物質」の蓄積などが原因です。

輪作

　連作障害を防ぐには、次の栽培では他の科の植物を栽培し、最初の科の植物は3〜4作は栽培しない輪作を行ないます。また、土壌消毒を含む的確な土の再生も大切です。

　輪作では、春作でカーテンを、秋作で普通の野菜を楽しめます（図62）。しかし、緑のカーテンに向く植物は少なく、毎年ニガウリを植えたいという人にはこの方法は現実的ではありません。連作障害を防ぎながら、同じ科の植物を毎年栽培する方法として、プランターを複数用意して異なる科の植物を同時に栽培する方法があります。例えば、今年の春はAのコンテナにニガウリを、Bのコンテナにヒルガオ科のアサガオを植え、秋にはAにキク科のレタス、Bにヒユ科のホウレンソウを植える。そして来年の春はAにアサガオを、Bにニガウリを植える、というものです。

土の再生

　収穫が終わった後の土は、団粒構造が壊れ、養分も減っています。普通は、連作をしない限り、きちんと図63の手順で土を再生し、栽培前、これに肥料を施すだけで土は繰り返し使えます。

　また、やむを得ず早いタイミング（1〜2作休むだけ）で同じ科の植物を再び栽培する場合は、石灰チッ素による土壌消毒が効果的です。いずれも善玉菌を豊富に含む微生物資材を投入しておくと（バイオエースで3g/ℓ）、さらに土の状態を改善することができます（図64）。

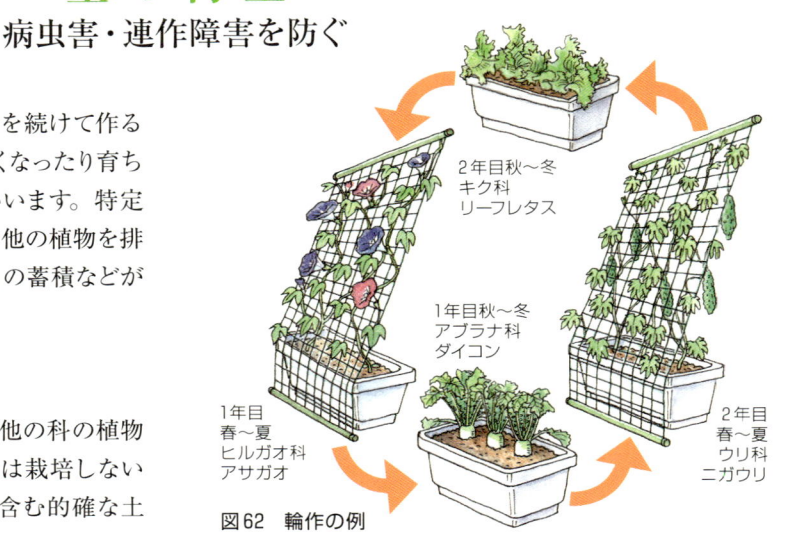

図62　輪作の例

図63　土の再生の手順（通常）

図64　土の再生の手順（土壌消毒による方法）

実る！

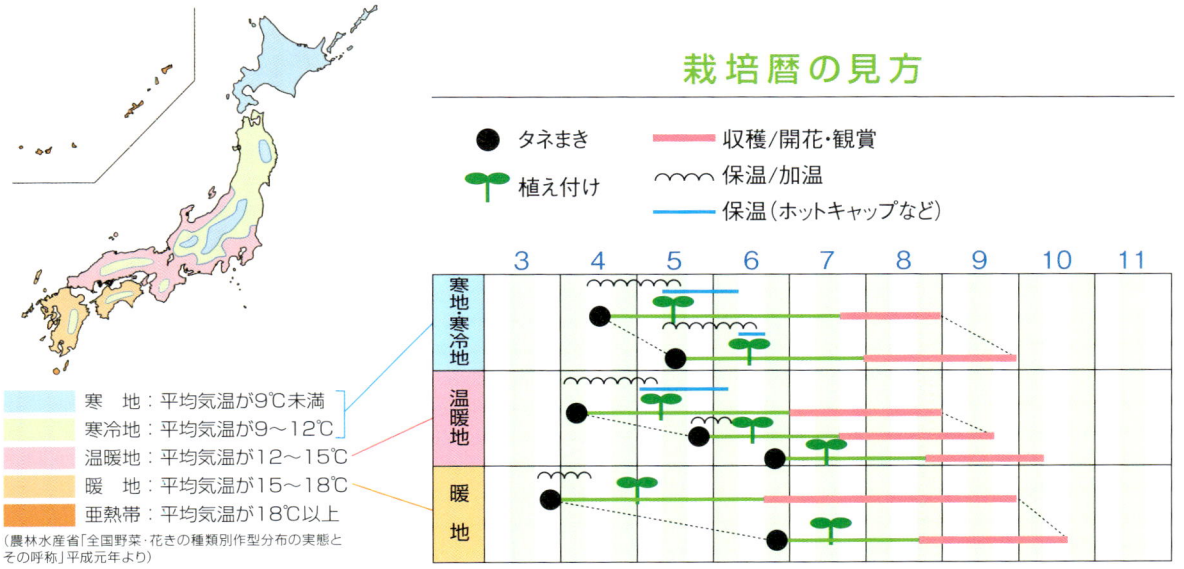

彩る！

緑のカーテン 好適23品目

ミニメロン「ころたん®」

宿根アサガオ「ケープタウンスカイ」（左）、「ケープタウンブルー」（右）
©福花園種苗

栽培暦の見方

● タネまき　　　━━━ 収穫/開花・観賞
🌱 植え付け　　　〜〜〜 保温/加温
　　　　　　　　━━━ 保温（ホットキャップなど）

寒　地：平均気温が9℃未満
寒冷地：平均気温が9〜12℃
温暖地：平均気温が12〜15℃
暖　地：平均気温が15〜18℃
亜熱帯：平均気温が18℃以上

（農林水産省「全国野菜・花きの種類別作型分布の実態とその呼称」平成元年より）

	3	4	5	6	7	8	9	10	11
寒地・寒冷地		●〜	🌱━	━	━━	━━	━━		
温暖地		●	〜🌱	●━	🌱━	━━	━━	━	
暖地		〜●	🌱	🌱━	━━	━━	━━	━	

35

ニガウリ
（ゴーヤー）

科　名：ウリ科
学　名：Mcmordica charantia
原産地：熱帯アジア

ニガウリの緑のカーテン

栽培のポイント

① タネまきは5月下旬から6月中旬に。
② コンテナは大型プランターを使う。
③ 授粉はカーテンが機能し始めてから。
④ 初期の果実は小さいうちに摘み取る。
⑤ 定植後30日程度から追肥を開始する。
⑥ 枯れた下葉は取り除き、後から伸びてきたつるで隠す。

「願寿」　標準サイズで果長30～35cm、平均果重は500gにもなる。肉厚でみずみずしい。

「あばし」　沖縄のニガウリの代表品種。そろいが良く、苦味が少ない。

「純白ゴーヤー」　珍しい純白色のニガウリ。肉厚で苦味が少なく、生でもおいしい。

「えらぶ」　生育旺盛で株が疲れにくい。ボリュームのある果実をたくさん収穫できる。
©八江農芸

「島心」　苦味とみずみずしさのバランスが良い。肉厚で、サラダやスープに合う。
©フタバ種苗卸部

「島娘」　各節に果実がなるため収量が多い。
©フタバ種苗卸部

発芽適温		25～33℃	生育適温	20～30℃		
肥料	元肥	腐葉土3割を含む土10ℓ当たり苦土石灰約7g、配合肥料(7-7-7)約20gを施し、定植時に植え穴に過石を5g入れる。				
	追肥	最初の果実が膨らみ始めたら1週間ごとに1株当たり約9gの化成肥料(8-8-8)を施す。				
コンテナの容量・植え付け株数		30ℓ・1株／60ℓ・2株			株間	20cm
ネットの目合い・形状		18cm・菱／角				

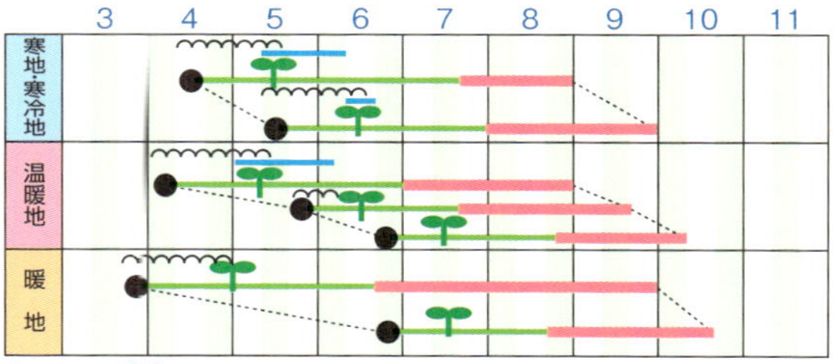

● タネまき　🌱 植え付け　━ 収穫　〰 保温/加温　━ 保温（ホットキャップなど）

熱帯アジア原産で暑い夏でもよく葉を茂らせ、果実をたくさんつけ、病害虫が少ないことから「緑のカーテン」といえばニガウリというくらい一番人気の品目です。発芽には日中30～33℃の高い地温が必要なことから、十分な温度がとれる、温暖地であれば5月の連休明けぐらいからのタネまきが無難です。梅雨明けから緑のカーテンを機能させた

いのであれば5月下旬に、9月の残暑の厳しいころに機能させたいのであれば6月上～中旬にタネまきします。

❶**芽出し**　タネは皮が厚くて吸水しにくいので、あらかじめ30～40℃の湯に4時間、あるいは水に一晩浸けます。皮を切る必要はありません。

❷**タネまき～間引き**　培養土を入れた直径9cmのポリ鉢に、深さ約1cmのまき穴を2つあけ、1粒ずつ平らな面を下にしてタネをまき、土をかけ、たっぷり水やりします。発芽も生育も適温が高いので、5月中のタネまきは、保温箱に入れて、日当たりの良いところで出芽させます。早ければ4日、遅くとも10日ほどで出芽してきます。本葉1～2枚のときに間引いて、茎が短く太いがっちりした株を1株残します。

❸**ネット張り**　つるは5～8m程度伸びます。定植後1週間ほどでぐんぐん伸び始めるので、目合い10～18cmのネットを張ります。

❹**植え付け**　タネまきから25日前後、本葉3～4枚で大型プランターに植え付け、仮支柱をしておきます。

❺**摘芯～わき芽かき**　本葉7～8枚のころ、本葉6～7枚を残し、親づるの先を摘み取ります。さらに親づるから出てきた子づるのうち、元気なつるを3本残してそれ以外のつるは早めに取り除きます（図65）。

❻**授粉**　タネまき後50日ほどで開花が始まります。果実を収穫したい場合は、必要に応じ授粉をします。ただし、あまりに早く果実がつくと株が弱り、葉のよく茂った緑のカーテンにならないので、授粉はカーテンができてからするのがポイントです。同様の理由で、初期の果実は取り除くようにします。授粉は一日のうちいつでもできます。

❼**追肥**　定植後30日ほどしたら7日ごとに化成肥料を施し、合わせて水やりもします。このころから緑のカーテンが機能し始めます。

❽**収穫**　未熟果の収穫は開花後15～25日、タネまき後約70日から。未熟果の苦味成分モモルディシンや、ビタミンCなどの豊富な栄養は、夏バテ予防になります。やがて青い果実は鮮やかなオレンジ色になり、下から裂け、中から赤い物体がのぞいてきます。赤い物体はタネを包むゼリー分でほのかな甘みがあります。

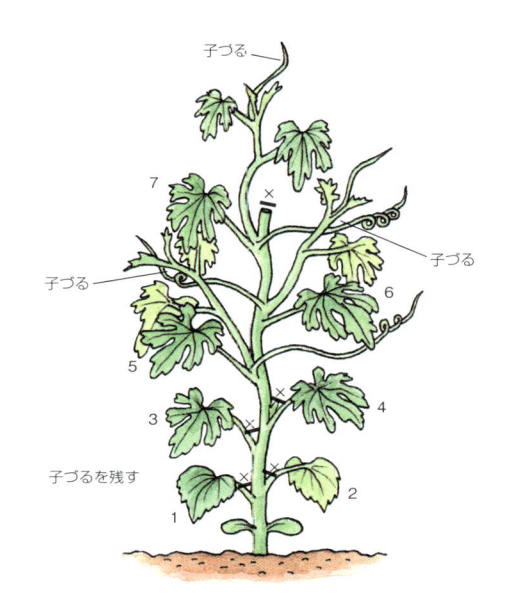

図65　ニガウリの整枝（摘芯・わき芽かき）

緑のカーテン終盤のニガウリ

よくあるQ&A

Q…2週間経ちますが、芽が出てきません。
A…タネはまく前に十分吸水させ、保温箱で発芽適温の25～33℃になるよう保温、あるいは気温が高くなってからタネまきします。
Q…雄花ばかりで雌花がまったく咲きません。
A…摘芯して雌花のつきやすい子づるや孫づるを伸ばします。肥料が多いと葉ばかり茂り、果実がつきにくくなります。
Q…果実がついても、すぐだいだい色に変わってしまいます。
A…猛暑で根が弱っています。地面に日が直接当たらないよう落ち葉などを敷き、暑さをしのぐようにします。

ミニメロン「ころたん®」

科　名：ウリ科
学　名：Cucumis melo
原産地：西アフリカ（ニジェール川流域）とされている

栽培のポイント
① 4月下旬から5月下旬に苗を購入。
② 6月上旬まではホットキャップなどで保温する。
③ 本葉6枚までで摘芯して、子づるは1〜2本残す。
④ 授粉節以降の孫づるはかき取らないで放任。
⑤ 定期的に追肥し、草勢を維持する。
⑥ 授粉はカーテンが機能し始めてからする。
⑦ ピンポン玉〜卵サイズで育ちやそろいの良い果実を残す。
⑧ 収穫は、へたから果実が外れるまで我慢する。

「ころたん®」の緑のカーテン

植え付け　　摘芯
追肥　　　　授粉

ウリ科野菜の代表的害虫
ウリハムシは早めに捕殺する。

発芽適温			生育適温	22〜30℃
肥料	元肥	腐葉土2割を含む土10ℓ当たり苦土石灰約8gを混ぜておき、1週間前までに配合肥料（7-7-7）約18gを施す。		
	追肥	定植後約3週間と摘果のころ1株当たり化成肥料（8-8-8）約10g、以後は1週間おきに1株当たり約5gを施す。		
コンテナの容量・植え付け株数		30ℓ・1株／60ℓ・2株	株間	20cm
ネットの目合い・形状		10〜18cm・菱／角		

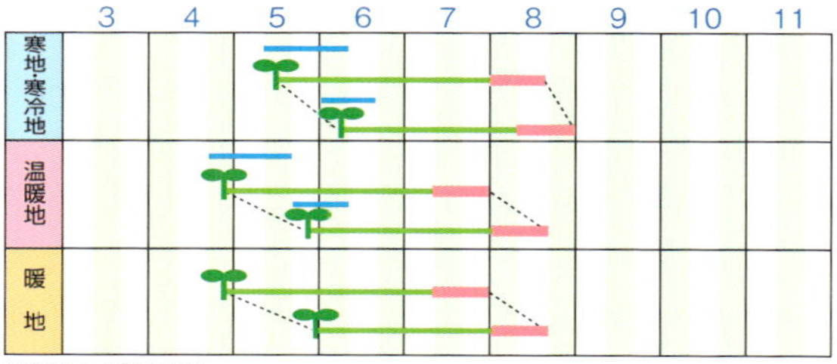

※「ころたん®」の場合
植え付け　収穫　保温/加温　保温（ホットキャップなど）

　緑のカーテンに使えるミニメロンとしては「プリンス」もありますが、収穫時期の見極めが難しく、なれないと早採りし過ぎておいしくなく、遅いと割れがちでした。そんなミニメロンの世界に、登場したのが「ころたん®」です。果重300〜500gのミニで、しかもネットメロン。熟すと黄金色に輝き、株から自ら転げ落ちておいしいタイミングをアピール。うどんこ病などの病気に強く、プリンスに比べ、いたって栽培も簡単です。上手に作ると約1.8kgの大きなメロンにチャレンジできます。

❶ **ネット張り〜植え付け**　「ころたん®」は苗から栽培します。苗は4月下旬から5月下旬ごろ店頭に並びます。目合い10〜18cmのネットを張り、本葉

3〜4枚の苗を、約50ℓの大型プランターに35cm間隔で植え付け、仮支柱をしておきます。メロンの原産地はアフリカの乾燥地帯といわれ、生育適温は22〜30℃と高い特徴があります。5月下旬ごろに植え付けた場合、6月上旬ぐらいまでは根づきや成長を促すため、透明プラスチックでできたホットキャップなどを苗の上からかぶせ保温しておきましょう。

❷**摘芯〜わき芽かき** 雌しべと雄しべのついた果実になる両性花は孫づるにつきやすい性質があるので、孫づるのつく子づるを出させるため本葉3〜6枚の間で親づるを摘み取ります。緑のカーテンにするときはなるべく葉枚数を多くして摘芯します。子づるが伸びてきたら、親づるの2〜5節から出る元気のよいつるを1〜2本残し、それ以外のつるは取り除きます。残した子づるは、ネットをくぐらせ、誘引しておきます。「ころたん®」は株の勢い(草勢)が穏やかで、他のメロンと異なり暴れにくい性質のメロンです。そこで孫づるは、果実をつける節までは取り除き、それ以後は放任させて草勢を維持させます(図66)。

❸**追肥1回目** 定植後約3週間で1株当たり化成肥料約10gを追肥します。

❹**授粉** 孫づるに両性花が咲いたら、その柱頭に雄花の花粉を午前9時ぐらいまでにつけて授粉します。授粉しない雌花は早めに取り除きます。最初、子づる1本に3〜4個の果実をつけます。

❺**摘果〜追肥2回目以降** その後果実がピンポン玉〜卵ほどの大きさになったら、育ちやそろいの良いものを1つるに1〜2個、1株では1〜4個をネットで支え、他の果実はすべて摘み取ります。このころ、1株当たり10gの化成肥料を追肥し、以後は1週間おきに1株当たり5gの化成肥料を施します。

❻**収穫** 交配後約45〜50日、果実とへたの付け根部分に離層ができて果実とへたが外れれば食べ時。ミニメロンですが果肉が厚いのが特長でさっぱりとした甘みで食べ応えがあります。

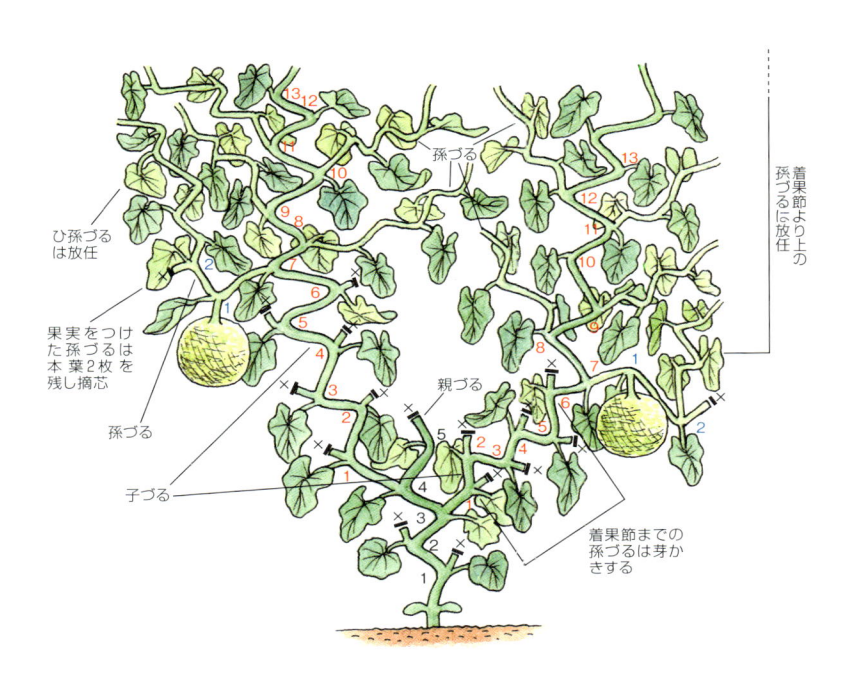

図66 ミニメロンの整枝(摘芯・わき芽かき)

へたと果実の間に離層ができて外れれば、甘みがのっておいしい証し。

収穫した「ころたん®」。果肉が厚く、小さくてもしっかり食べられる。

熟すとへたから果実が外れるので、転げ落ちないよう果実のつるし方にも工夫が必要。

よくあるQ&A

Q…株が急に萎れてしまいました。
A…梅雨明け後急に暑くなり乾燥すると、萎れることがあります。土には有機質を多く施し根を深く張らせます。
Q…たくさんついた果実をすべて収穫したいのですが。
A…根の張れるスペースが制限されているコンテナ栽培では、果実をつけ過ぎると株に負担がかかり、枯れることがあります。
Q…8mmほどのだいだい色の甲虫が葉を食べてしまいます。
A…ウリハムシです。葉を食害すると草勢が衰えるので、見つけ次第、捕殺します。

キュウリ

科　名：ウリ科
学　名：*Cucumis sativus*
原産地：インドのヒマラヤ山麓

「フリーダム」で作ったつり下げタイプの緑のカーテン

栽培のポイント

① うどんこ病やべと病に強い品種を選ぶ。
② 苗は風に弱いので、風の強い5月の定植は避け、6月以降にするのが無難。
③ 本葉5枚目までの各節から出るわき芽（子づる）は取り除き、よく茂り、十分に果実をつける株を作る。
④ キュウリはほとんどが水分のため、水をまめにやり、地表面に落ち葉やワラなどを敷き乾燥を防ぐ。
⑤ 果実の長さが20cmぐらいまでに早めに収穫し、株の勢いを維持する。

「フリーダム」　うどんこ病やべと病に強く栽培しやすいイボなしキュウリ。収量も多い。

「味さんご」　うどんこ病に強い四葉キュウリ。表面にしわやイボが多く、歯切れがよい。

「リル」　果長12〜15cmのミニサイズ。各枝にたくさん雌花がついてたくさん収穫できる。

「よしなり」　べと病とうどんこ病に極めて強く、暑さや寒さにも強い、初心者向き品種。

「さつきみどり」　食味と歯切れがよい白イボキュウリ。長期間収穫できる。

発芽適温		25〜30℃	生育適温	20〜25℃	
肥料	元肥	腐葉土3〜4割を含む土10ℓ当たり苦土石灰約7g、配合肥料（7-7-7）約20gを施す。			
	追肥	最初の果実が肥大し始めたら2週間ごとに1株当たり化成肥料（8-8-8）約5gを施す。			
コンテナの容量・植え付け株数		30ℓ・1〜2株/60ℓ・3〜4株		株間	20cm
ネットの目合い・形状		18cm・菱/角			

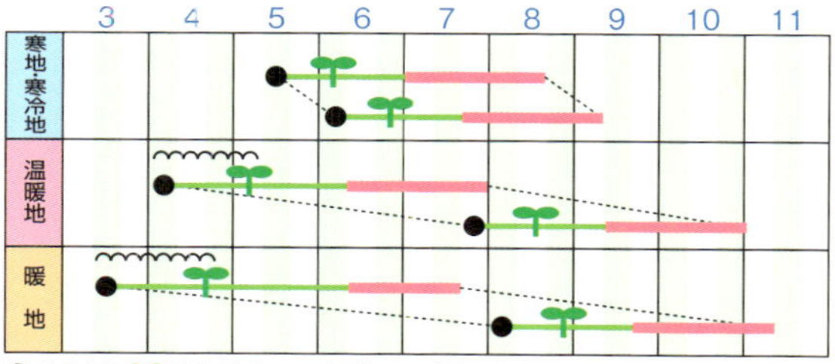

● タネまき　　植え付け　　収穫　　保温/加温

タネまきから70日ほどで収穫を始められるキュウリは、育苗期間も短く、育てやすい果菜類です。キュウリで緑のカーテンを作る際に特に大切なのは品種選び。カーテンを長く楽しみ、かつ果実をたくさん収穫したいのであれば、果実になる雌花のつき方に注意し、病気に強い品種を選ぶことです。キュウリの花芽は成長とともに節（葉とつるのわき）に発達します。

各節に雌花がつく性質が強い「節なり性品種」ならば収穫を多くできますが、採り遅れるとすぐに果

実が巨大化してしまい株の勢いが低下します。普段忙しくて収穫が遅れがちならば、節なり性の弱い品種を選ぶのも方法です。

　キュウリは、受粉をしなくても雌花は果実になるので、ついつい果実をつけすぎ気味に。そうなるとなり疲れを起こして緑のカーテンとしての機能も低下してしまいます。葉を茂らせ、果実も収穫できるよう、早めに雌花や果実を間引きます。

　さらに、果実がつき始めると出てくるのが、うどんこ病やべと病などの病気。これらの病気に強い品種（「フリーダム」や「よしなり」など）を選べば、より長く収穫でき、農薬の使用も減らせ、気持ちよく緑のカーテンを楽しめます。

❶**タネまき〜間引き**　温暖地では5月中旬のタネまきなら梅雨明けから、6月下旬まきなら残暑厳しい9月から緑のカーテンが楽しめます。培養土を入れた直径10.5cmのポリ鉢に深さ約1cmのまき穴を3つあけ、1粒ずつタネをまきます。出芽後、本葉1〜2枚までに1株に間引きます。

❷**植え付け**　苗は、タネまき後約30日、本葉3〜4枚で、風の強くない日を選び、株間20cm程度で、浅めに植え付け、たっぷり水やりしておきます。コンテナごとの植え付け株数は、50ℓ程度の大型プランターなら3株、60ℓ程度では4株です。

❸**わき芽かき・摘芯**　本葉5枚目までの各節から出るわき芽（子づる）は取り除き、よく茂り、十分に果実をつけられる株を作ります。本葉6枚目以降の子づるは伸ばし、各子づるとも葉を2枚残して先端を摘み取り（摘芯）、孫づるも同様にします。この際、株の勢いを弱めないために、子づるは、親づるに対し45°上方へはわせます（図67）。

❹**摘花・摘果〜追肥**　「単為結果」といい、雌花は受粉しなくても果実になり、放っておくと果実がなりすぎて株が弱ります。1果に必要な葉は3〜4枚なので、これを目安に不必要な雌花や果実は早めに摘み取ります（摘花・摘果）。また、最初の果実が肥大し始めたら14日ごとに1株に約5gの化成肥料を施し、まめに水やりします。病気になった葉や老化した葉も早めに取り除き（摘葉）、若い葉に光や風を当てます。

❺**収穫**　果実は約20cmの長さまでに早めに収穫しましょう。

60ℓプランターへ4株定植。カーテンの高さが1階分なら多めに植えても大丈夫。

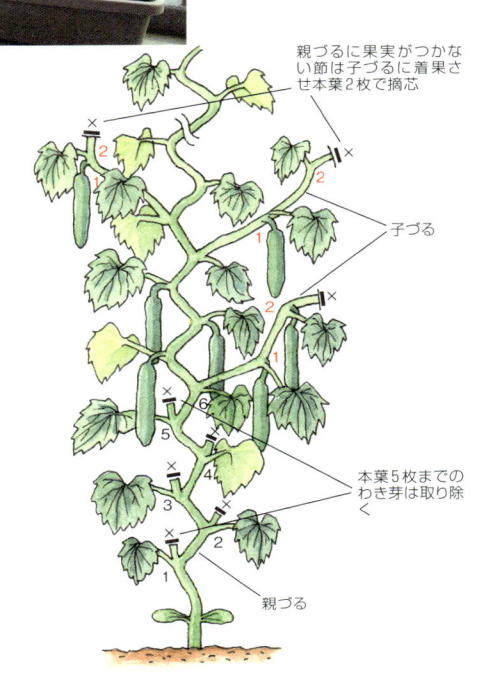

図67　キュウリの整枝（わき芽かき・摘芯）

ベランダでは手の届く範囲を超えたらつるの先を摘芯する。

各子づるは葉を2枚残して摘芯する。

よくあるQ&A

Q…うどんこ病が出て困っています。
A…耐病性品種を使うのが最善ですが、そうでない場合、カリグリーンなどの薬で防除します。

Q…果実が曲がったり、先が細ってしまいます。
A…キュウリは根が浅く張るので、暑く乾燥した日が続くと肥料や水不足などで弱ってしまいます。落ち葉などでマルチし、追肥し、水やりをしましょう。

Q…台風で葉が傷んでしまいました。葉は取り除いた方がよいのでしょうか。
A…葉が萎れ垂れ下がっているのなら除去してください。多少破れているぐらいであれば、そのままにして回復を待ちましょう。

ヘチマ

科　名：ウリ科
学　名：*Luffa aegyptiaca*
原産地：熱帯アジア、アフリカ

間引き　　摘芯

ヘチマの果実

1～6節の間に出る子づるを4本程度伸ばす

親づるは本葉6枚と7枚の間で摘芯

図68　ヘチマの摘芯

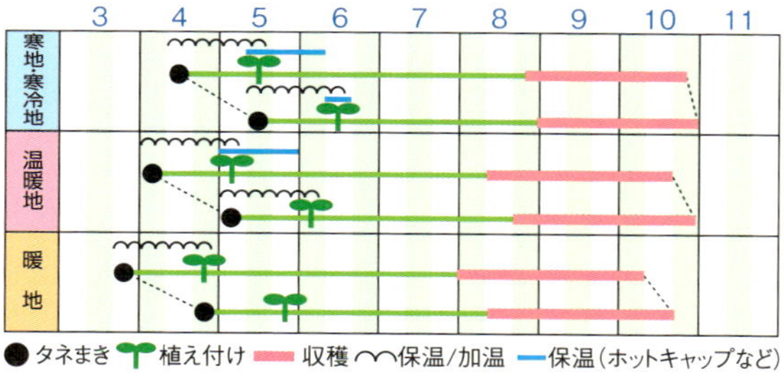

栽培のポイント

①短日条件で開花が促されるので温暖地でタネまきは3月下旬～5月上旬までにする。
②コンテナは大型プランターに1株植えにする。
③ウリ科植物との連作は避ける。
④株が張ってくると、特に盛夏は土が乾きやすくなるのでまめに水やりする。
⑤追肥も定期的に施し、下葉の枯れ上がりを防ぐ。
⑥葉や果実が大きいので、できればネットは目合いの大きなもので、斜めに張る。

　熱帯原産で高温を好みますが、生育適温に幅があるため、日本でも作りやすい植物です。ただし、温度を十分に確保できない低温期の早植えは禁物で、5月上旬以降が植え付けの適期になります。

❶**タネまき～間引き**　直径10.5cmのポリ鉢に、深さ約1cmのまき穴を3つあけ、1粒ずつまき、土をかけ、しっかり水やりします。保温箱で出芽させ、本葉2枚までに1株に間引きます。

❷**ネット張り～植え付け**　本葉2～3枚でコンテナに苗を浅く植え付け、仮支柱をしておきます。

❸**摘芯**　本葉6枚で摘芯し、子づる4本を伸ばしネットに誘引。草丈は5～8mになります（図68）。

❹**受粉**　花や蜜腺が大きく、集まった虫によって容易に受粉し、人が授粉する必要はありません。

❺**追肥**　最初の果実の肥大し始めと、以後30日おきに化成肥料を施します。

❻**収穫**　開花後7日の若い果実は野菜として、熟せば繊維をスポンジに、ヘチマ水も取れます。

発芽適温	25～30℃	生育適温	20～30℃
肥料	元肥	腐葉土3割を含む土10ℓ当たり約10gの苦土石灰と配合肥料(7-7-7)約5gを施しておく。	
	追肥	最初の果実が肥大し始めたら1株当たり化成肥料(8-8-8)約30gを、以後30日おきに同量を施す。	
コンテナの容量・植え付け株数	30ℓ・1株/60ℓ・2株	株間	50cm
ネットの目合い・形状	18～24cm・菱/角		

ヘチマの花　花や蜜腺が大きく、つるを伝ってアリさえもやってくる。

図69　ヘチマ水の取り方
前日に水をしっかりやり、地上50cmでつるを斜めに切り、地面側のつるを一升瓶などに挿してヘチマ水を取る。サポニンを多く含み、化粧水として使える。

よくあるQ&A

Q…なかなか芽が出てきません。
A…発芽適温が25～30℃なので保温箱を使いしっかり保温し、日当たりの良いところで出芽させます。

Q…なかなか雌花が咲きません。
A…摘芯して雌花のつきやすい子づるや孫づるを伸ばします。また、日長が長いと雌花がつかないので日が短くなるのを待ちます。

●タネまき　♣植え付け　━収穫　〰保温/加温　━保温(ホットキャップなど)

ミニカボチャ

科　名：ウリ科
学　名：*Cucurbita maxima*（西洋カボチャ）
　　　　C.maxima × *C.pepo*（プッチィーニ）
原産地：南アメリカ（西洋カボチャ）
　　　　北アメリカ（ペポカボチャ *C.pepo*）

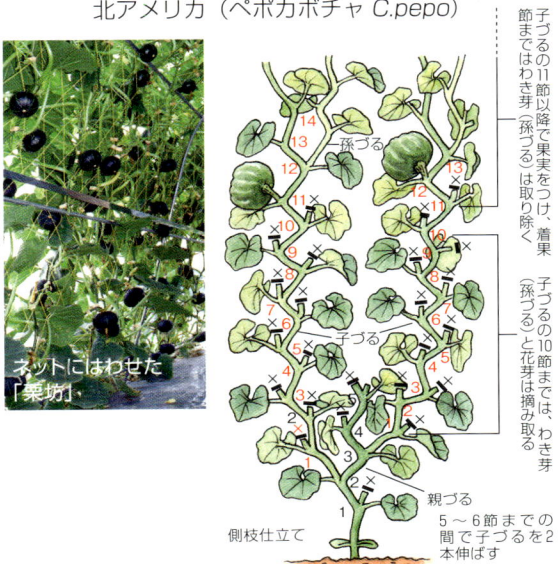

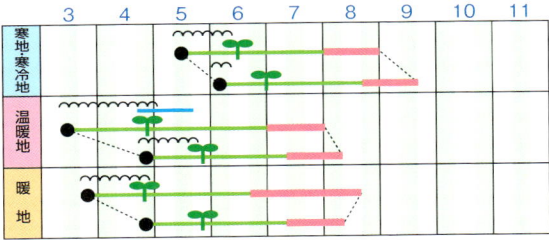

栽培のポイント

① 出芽までは、保温箱などで発芽適温25〜30℃を維持。
② 出芽後は、昼間、フィルムをあけ、温度を下げ、風通しを良くしてがっちりした苗を育てる。
③ コンテナは大型プランターを使う。
④ 肥大させない花や果実は早めに取り除く。
⑤ 定植後はウリハムシの食害に注意。雨が少ないとうどんこ病が出やすくなるので適宜防除する。
⑥ 果実は、収穫後10日間ほど風にあて乾燥させると、甘みが増し、食感や貯蔵性がよくなる。

❶ **タネまき〜間引き**　培養土を入れた直径10.5cmのポリ鉢に、深さ約1cmのまき穴を2つあけ、タネを1粒ずつまきます。5〜7日で出芽するので、その後は本葉2枚までに1株に間引きます。

❷ **植え付け**　タネまき後約30日、本葉3枚でコンテナに30cm程度の間隔をあけ、2株を浅く植え付け、仮支柱をしておきます。

❸ **摘芯・わき芽かき〜ネット張り**　本葉7枚のころ、本葉5、6枚を残し、親づるを摘芯します。子づるの10節まではわき芽をすべて取り除きます。目合い10〜18cmのネットを張ります（図70）。

❹ **授粉**　午前9時ごろまでに、各子づるの10節以降に咲いた雌花の柱頭に雄花の花粉をつけます。果実は1つるに1〜2個を肥大させます。

❺ **収穫**　授粉後40日ほど、「栗坊」など西洋カボチャはへた（果梗）にひびができたら、ペポカボチャの血を引く「プッチィーニ」はへたが褐色になったら収穫適期。

図70　ミニカボチャの整枝（摘芯・わき芽かき）

「栗坊」　果重500〜600gの手のひらサイズのミニカボチャ。たくさん収穫できる。

「プッチィーニ」　黄橙色で果重200〜300gのミニカボチャ。3〜4分電子レンジで加熱するだけで食べられる。

カボチャの収穫適期のへたの状態
左：「栗坊」、右：「プッチィーニ」

発芽適温	25〜30℃	生育適温	18〜21℃
肥料	元肥	腐葉土2割を含む土10ℓ当たり苦土石灰約6g、配合肥料(7-7-7)約10g、定植時、植え穴に過石を約3g施す。	
	追肥	最初の果実がついたら1株当たり化成肥料(8-8-8)約10gを施す。	
コンテナの容量・植え付け株数	45ℓ・1株/60ℓ・2株	株間	30cm
ネットの目合い・形状	18cm・菱/角		

よくあるQ&A

Q…緑のカーテン用に、培養土の袋(20ℓ)に苗を植え付けましたが、つるがあまり伸びません。
A…緑のカーテンにするには土の量が足りないので、40ℓ以上の大型プランターを使いましょう。

Q…果実がついたらつるの伸びが悪くなりました。
A…果実の肥大が止まると再びつるが伸び始めますが、不要な果実は早めに摘み取り、追肥を施します。

Q…暑い時期に緑のカーテンを作るため遅まきしたら雌花がなかなか咲きません。
A…雄花は高温でできやすいですが、雌花は低温・短日でできるのでこのようなことがおきます。

小玉スイカ

科　名：ウリ科
学　名：*Citrullus lanatus*
原産地：南アフリカの砂漠地帯

緑のカーテンになった小玉スイカ

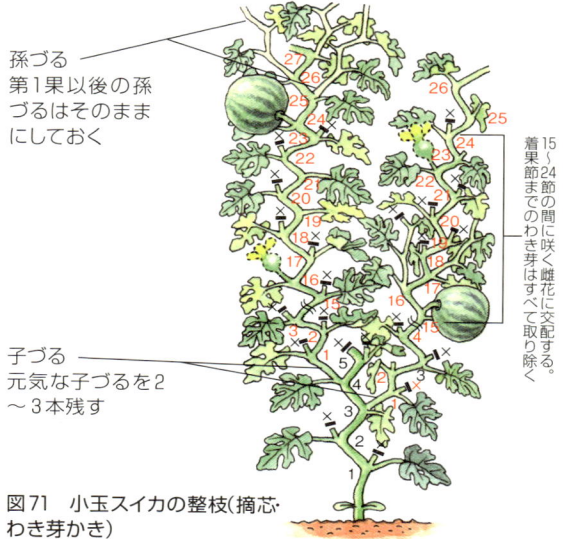

孫づる
第1果以後の孫づるはそのままにしておく

着果節 15〜24節の間に咲く雌花に交配するまでのわき芽はすべて取り除く

子づる
元気な子づるを2〜3本残す

図71　小玉スイカの整枝(摘芯・わき芽かき)

発芽適温	20〜30℃前後	生育適温	25〜30℃		
肥料	元肥	腐葉土3割を含む土10ℓ当たり苦土石灰約7g、配合肥料(7-7-7)を2g、過石を約6g施す。			
	追肥	最初の雌花が咲く3〜4日前と果実がピンポン玉大で1株当たり化成肥料(8-8-8)約5g、以後2週間おきに同量を施す。			
コンテナの容量・植え付け株数		45ℓ・2株/60ℓ・3株		株間	30cm
ネットの目合い・形状		10〜18cm・菱/角			

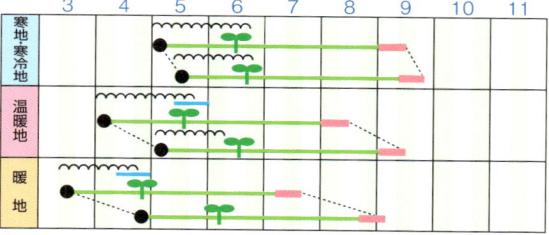

● タネまき　🌱 植え付け　━ 収穫　〰 保温/加温　━ 保温(ホットキャップなど)

栽培のポイント

① 初心者は八重ザクラの咲き初めから終わり(温暖地で4月中旬〜5月上旬)までにタネまきするとよい。
② 出芽まで保温箱などで発芽適温20〜30℃を維持し、夜は部屋に取り込む。
③ 出芽後も保温箱で育て、昼間は温度の上がり過ぎに注意する。
④ 定植後も夜温が低い場合は、保温のために苗にホットキャップをかぶせおく。
⑤ 授粉したら交配日を記入したラベルをつける。

　大きなスイカは無理でも、小玉スイカならばちゃんと緑のカーテンが作れます。果実が小さい分、収穫までの日数も短くて済み、小さい割には皮が薄く、食べられる部分が多い特長もあります。

❶ **タネまき〜間引き**　培養土を入れた直径10.5cmのポリ鉢に2粒をまきます。6日ほどで出芽します。本葉2枚で1株に間引きます。

❷ **ネット張り・植え付け**　タネまき後、約45日、本葉4〜5枚で約30cm間隔で植え付けます。

❸ **摘芯・わき芽かき**　本葉5〜6枚で、親づるを摘芯し、元気な子づる2〜3本を残します(図71)。

❹ **授粉**　子づるの15〜24節につく雌花はすべて授粉します。授粉作業は午前6〜9時に。

❺ **追肥〜摘果**　最初の雌花が咲く前と果実の肥大始め、その後定期的に追肥を施します。果実が約5cm(卵大)のころ、形の良い果実を、1株当たり2果を残して、麻ひもなどでつるします。

❻ **収穫**　授粉後35〜40日で収穫。

「紅こだま」　小玉スイカの代表品種。果肉は鮮紅桃色で糖度は約12度、舌ざわりよく、さわやかな甘みがある。

「ミゼット」　鮮やかな黄色の果肉が特徴の小玉スイカ。重さは2kg前後でそろいが良い。

よくあるQ&A

Q…緑のカーテン用に、培養土の袋(20ℓ)に苗を植え付けましたが、つるがあまり伸びません。
A…緑のカーテンにするには土の量が足りないので、40ℓ以上の大型プランターを使いましょう。

Q…スイカを甘くするにはどうしたらよいですか?
A…収穫の約10日前から水やりは控えめにして、乾かし気味に管理すると甘いスイカが収穫できます。

ヒョウタン

科　名：ウリ科
学　名：Lagenaria siceraria
原産地：北アフリカ

緑のカーテンになったヒョウタンの果実

「千成ヒョウタン」　長さ8cmくらいの小さいヒョウタンが鈴なりにたくさんつく。

「天下一」は果実が最大50cmにもなるので、袋に入れてつり下げるとよい。

ヒョウタンの代表的な害虫
ウリキンウワバの幼虫は、果実表面を食害し、果実の見た目が悪くなる。

発芽適温		25～30℃	生育適温	20～30℃		
肥料	元肥	腐葉土3割を含む土10ℓ当たり苦土石灰約10g、配合肥料(7-7-7)を約7g、過石を約6g施す。				
	追肥	定植後30日から1週間おきに1株当たり化成肥料(8-8-8)約10gを施す。				
コンテナの容量・植え付け株数		30ℓ・1株/60ℓ・2株			株間	40cm
ネットの目合い・形状		10～18cm・菱/角				

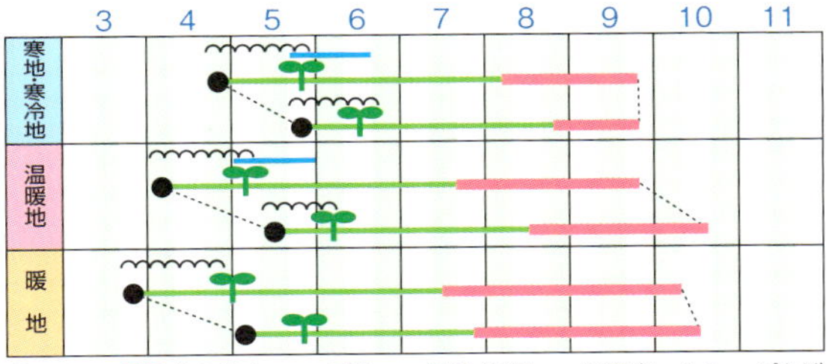

●タネまき　植え付け　収穫　保温/加温　保温(ホットキャップなど)

栽培のポイント

①ウリ科植物との連作は避ける。
②つるは折れやすいので扱いに注意する。
③ウリキンウワバは適用農薬がないので早めに捕殺する。
④葉の裏にうどんこ病が出やすいので早めに防除。
⑤大ヒョウタンは重いので線径の太いネットに。
⑥花は夕方に咲き、夜にガなどが訪花するため、授粉は必要ない。
⑦盛夏は土が乾きやすくなるのでまめに水やり。
⑧追肥は定期的に施し下葉の枯れ上がりを防ぐ。

ユーモラスな果実は、一般には観賞用で、加工して楽しみますが、ごく若い果実は苦み抜きをすれば漬け物などで食べることもできます。

❶**タネまき～間引き**　培養土を入れた直径9cmのポリ鉢に、深さ約1cmのまき穴を2つあけ、タネを1粒ずつ平らな面を下にしてまきます。出芽まで9日ほど。本葉1枚が展開し始めたら、1枚に間引きします。

❷**ネット張り～植え付け**　6～8mほどつるが伸びますが、大ヒョウタンは果実が重たいのでネットの線径は2.3mmなどの太いものにします。本葉1～2枚のころ浅く植え付けます。

❸**摘芯～わき芽かき**　摘芯は、つるがネットに届いたらします。わき芽が成長してきたら、元気のよいつるを2本残してネットに誘引します。

❹**追肥**　定植から30日が経ったころから化成肥料を、1週間おきに施します。

❺**収穫**　完熟したら収穫します。

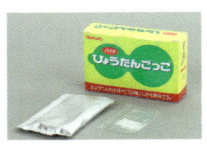

バイオひょうたんごっこ
タネ出しにかかる期間を約1/3に短縮でき、臭いも抑えられる酵素。クエン酸でpHを調整して使う。（ヤクルト薬品工業）

「ひょうたんごっこ」を使ってヒョウタン加工中。

よくあるQ&A

Q…なかなか発芽しないのは何が原因ですか。
A…発芽適温25～30℃を確保しましょう。タネまき前に水に浸ける必要はありません。
Q…加工する場合の収穫の目安を教えてください。
A…次の4点で確認します。①果実をたたいてみる（硬くなる）、②果実を持ち上げてみる（軽くなる）、③果皮が白っぽくなる、④新しく果実がつき始める。

シカクマメ

科　名：マメ科
学　名：*Psophocarpus tetragonolobus*
原産地：熱帯地方（パプアニューギニアなど諸説）

シカクマメの緑のカーテン

シカクマメのさや　15cmくらいの若ざやを収穫する。

シカクマメのいも　普通はゆでて食べる。

発芽適温		25～30℃	生育適温	20～30℃		
肥料	元肥	腐葉土3割を含む土10ℓ当たり苦土石灰約13g、化成肥料(8-8-8)約3gを施す。				
	追肥	草勢が弱いときは1株当たり化成肥料約5gを、いもの肥大には8月中旬に硫酸カリ1.5gを施す。				
コンテナの容量・植え付け株数		30ℓ・4株/60ℓ・6株			株間	30cm
ネットの目合い・形状		10～18cm・角/ひも				

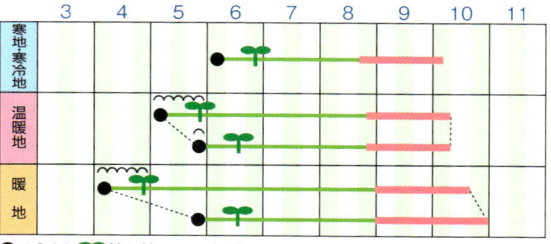

● タネまき　🌱 植え付け　▬ 収穫　〜 保温/加温

栽培のポイント

① 5月中のタネまきでは保温箱などを使う。
② 連作を避け、葉を茂らせるためには肥料を多めに施す。
③ ネットにつるが巻き付くので角目を使う。
④ 暑さに強いが、乾燥には弱いので落ち葉や腐葉土などでマルチし、まめに水やりする。
⑤ 葉にはハダニが、さやにはカメムシが付くことがあるので早めに防除する。

　シカクマメの名前の由来は、さやの断面が四角形なことから。マメの仲間なのに、さやだけでなくいもも収穫できる面白い野菜です。夏至前後のタネまきは花つきが悪くなるので、さやも収穫したければ温暖地では5月中にタネまきします。

❶ **タネまき～間引き**　直径9cmのポリ鉢に深さ約2cmのまき穴3つをあけ、そこに1粒ずつまいて、土をかけ、しっかり水やりします。出芽まで7～10日ほど。本葉2枚で抜くようにして1鉢2株にします。

❷ **ネット張り～植え付け**　目合い10～18cmのネットを張りコンテナを設置し、本葉4枚で植え付け、仮支柱をしておきます。

❸ **摘花・摘莢**　わき芽は摘まずに伸ばします。緑のカーテンらしくなるまでは花やさやは取り除くようにしましょう。

❹ **収穫**　開花後約20日、さやが15cmほどになったら収穫できます。いもの収穫は10月上旬から。

シカクマメの花
花はフジ色でこれも食べられる。

よくあるQ&A

Q…昨年同様に作っていますが元気がありません。
A…連作を嫌うので3～4年マメ科野菜を栽培していない土を使います。
Q…間引いたのに土からつるが出てきます。
A…地下に子葉があり、間引きは根ごと抜かないと再び芽が出てきてしまいます。
Q…花は咲きますがさやがつきません。
A…肥料のやり過ぎで窒素分が多いと、葉やつるが茂りやすくなりさやがつきにくくなります。

インゲン

科　名：マメ科
学　名：*Phaseolus vulgaris*
原産地：中央アメリカ

「ケンタッキーワンダー」

「つるありジャンビーノ」　平ざやで肉厚、すじがない。たくさん収穫できる極早生品種。

栽培のポイント

① 4月いっぱいまでは保温箱などを使う。
② インゲンは連作を嫌うので、3～4年マメ科野菜を栽培していない土を使い、酸性土も同様に嫌うので苦土石灰などの石灰質肥料でpHを矯正する。
③ 定植の際は、苗の土を崩さないように注意する。
④ 開花が止まらないよう、収穫は遅れないようにする。
⑤ 雨が少ないと、ハダニ類やアザミウマ類がつきやすく、また暑い時期はカメムシ類が多くなるので早めに防除する。

　インゲンの品種には、つるの伸びないタイプと伸びるタイプがあるので、緑のカーテンではつるの伸びるつるあり品種を使います。

❶ **タネまき**　直径9cmのポリ鉢に深さ約2cmのまき穴4つをあけ、そこに1粒ずつまいて、覆土します。発芽適温は23～25℃で、発芽に高い地温を必要とするので、気温が低い5月上旬までは保温箱のなかで発芽させ苗を育てます。

❷ **間引き**　出芽はタネまきから10日ほど。子葉が開いた後、本葉(初生葉)2枚が開いたらハサミを使い2株にします。

❸ **ネット張り～植え付け**　インゲンは、つる自身がネットに絡むので角目のネットを用います。間引き後初生葉2枚のうちにコンテナに定植し、仮支柱をしておきます。本葉4枚でつるが伸び始めるので、ネットの外へつるを出して誘引します。

❹ **追肥**　開花前後に化成肥料を施します。

❺ **収穫**　開花してから2週間ほどで収穫します。さやの中の子実の膨らみが分かるようになったら収穫適期。収穫後半日以上経つと鮮度、味、栄養分が急速に落ちるので、新鮮なうちに食べ切ります。

「マンズナル」　インゲンのまき時期は春から初夏までが一般的だが、本品種は湿暖地で9月までまける。大きくなってもかたくなりにくい。

発芽適温	23～25℃	生育適温	15～25℃
肥料	元肥	腐葉土2割を含む土10ℓ当たり苦土石灰約7g、定植前に化成肥料(8-8-8)約15gを施す。	
	追肥	開花前後に1株当たり化成肥料(8-8-8)約5gを施す。	
コンテナの容量・植え付け株数		30ℓ・4株/60ℓ・6株	株間 30cm
ネットの目合い・形状		10～18cm・角/ひも	

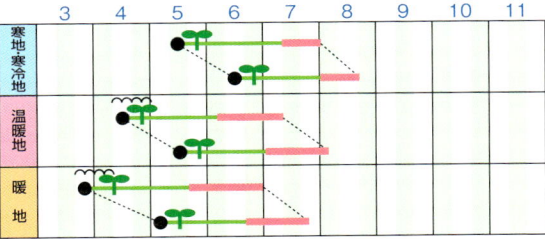

※「つるありジャンビーノ」の場合
● タネまき　🌱 植え付け　― 収穫　～ 保温/加温

よくあるQ&A

Q…6月上旬にタネまきしましたが、さやがつきません。
A…30℃を超えるとさやつきが悪くなります。猛暑の夏などでは、タネまき適期でもさやつきが悪くなることがあるので、収穫のためには早めにタネまきします。

Q…タネをまいてからどれぐらいで収穫できますか?
A…タネまきから収穫始めまで60～74日で、収穫期間は1か月程度です。緑のカーテンとしては8月程度までは機能しますが、7月下旬以降さやはつきません。

ササゲ

科　名：マメ科
学　名：Vigna unguiculata
原産地：アジア・アフリカの熱帯地域

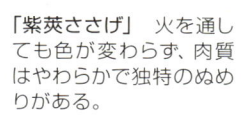

収穫時期を迎えた「けごんの滝」

「紫莢ささげ」　火を通しても色が変わらず、肉質はやわらかで独特のぬめりがある。

©フタバ種苗卸部

発芽適温	25℃前後	生育適温	20℃前後
肥料	元肥	腐葉土2割を含む土10ℓ当たり苦土石灰約14g、定植前に化成肥料(8-8-8)約10g、定植時植え穴に過石を約5gを入れる。	
	追肥	定植30日目から1月ごとに、1株当たり化成肥料(8-8-8)約25gを施す。	
コンテナの容量・植え付け株数	30ℓ・2株/60ℓ・3株	株間	30～40cm
ネットの目合い・形状	10～18cm・角/ひも		

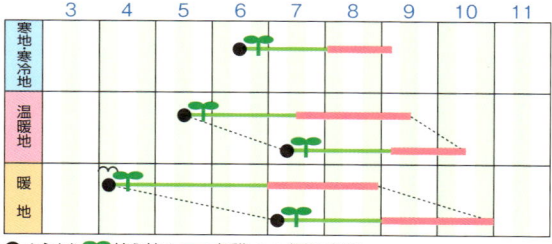

● タネまき　🌱 植え付け　━━ 収穫　⌒ 保温/加温

栽培のポイント

①ササゲは連作を嫌うので、3～4年マメ科植物を栽培していない土を使い、酸性土も同様に嫌うので苦土石灰などの石灰質肥料でpHを矯正する。
②定植の際は、苗の土を崩さないように注意する。
③株がバテないよう追肥は定期的に施す。
④乾燥には比較的強いが、盛夏は日に二度程度水やりが必要。落ち葉マルチなども効果的。
⑤シンクイムシがつる内部を食害するので、穴を見つけたら太さ0.8mm程度のステンレスの針金で引きずり出す。

　温暖地でインゲンの収穫は7月までが限界ですが、ササゲなら一番暑い8月上旬～10月上旬に収穫と緑のカーテンが楽しめます。コンテナを複数使い、1枚のカーテンにインゲンとササゲを栽培すれば6～10月にそれらの収穫ができます。

❶**タネまき**　直径9cmのポリ鉢に深さ約2cmのまき穴3つをあけ、そこに1粒ずつまいて、覆土をし、しっかり水やりします。

❷**間引き**　出芽はタネまきから7日ほど。子葉が開いた後、本葉(初生葉)2枚が開いたらハサミを使い1株にします。

❸**ネット張り～植え付け**　ササゲは、つる自身がネットに絡むので角目のネットを用います。間引き後初生葉2枚のうちにコンテナに植え付け、仮支柱をしておきます。本葉4枚でつるが伸び始めるので、ネットの外へつるを出して誘引します。

❹**追肥**　栽培期間が長いので、定植30日目から30日おきに化成肥料を施します。

❺**収穫**　開花後3週間ほどで収穫します。

「けごんの滝」
さやが50cmほど、太さがエンピツ程度で早めに収穫する。

よくあるQ&A

Q…タネをまく前に水に浸けますか。
A…水に浸ける必要はありません。むしろ窒息して発芽不良になるのでやめましょう。
Q…どれくらいの高さまでつるは伸びますか。
A…4m程度は平気で伸びるので2階まで大丈夫です。
Q…いつまでタネまきできますか。
A…7月上旬まで。その場合8月下旬から収穫できます。

アピオス

科　名：マメ科
学　名：*Apios americana*
原産地：北アメリカ

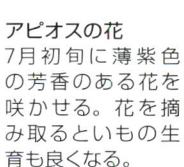

アピオスの花
7月初旬に薄紫色の芳香のある花を咲かせる。花を摘み取るといもの生育も良くなる。

栽培のポイント

① 5月いっぱいまでは保温箱などを使う。
② 連作を嫌うので3～4年マメ科植物を栽培していない土を使う。
③ ネットにつるが巻き付くので角目を使う。
④ 乾燥に弱いので落ち葉や腐葉土などでマルチし、土の乾きに注意する。
⑤ 乾燥によりハダニ類も葉の裏に発生しやすくなるので、発生したらハンドスプレーなどで洗い落とす。

　アピオスは、北アメリカ原産で、アメリカの先住民族インディアンのスタミナ源として食されてきたいもを食べるマメ科植物です。つるは2mほどなので、1階分程度の緑のカーテン向きです。

❶**タネいもの植え付け**　直径12cmのポリ鉢に、タネいもの芽を上にして、深さ約5cmの植え穴に1球を植え付けます。出芽まで30日ほど。保温し地温を高め出芽を促します。つるが伸びてきたら仮支柱を立ててつるを絡めておきましょう。

❷**ネット張り～植え付け**　タネいもの植え付けから50日ほど、根が鉢底にまわったら植え付けます。ネットは角目で、葉が小さくさやがつかないので突っ張りタイプでも大丈夫です。

❸**追肥**　定植後約30日と、様子を見てさらに30日後に追肥を施します。アピオスは土の乾き過ぎに弱いので、高温期など土の乾きに注意します。

❹**収穫**　10月下旬には落葉しますが、甘みを出すため、いもは11月下旬に収穫します。

アピオスのいも（塊根）
1株で40～50個ほど数珠つながりになったいもが収穫できる。調理方法は、皮ごと、焼く、蒸す、ゆでる、揚げるなど。

発芽適温		10～20℃	生育適温	10～20℃
肥料	元肥	腐葉土2割を含む土10ℓ当たり配合肥料（7-7-7）約10gを施す。酸性土を好むので石灰質肥料は施さない。		
	追肥	定植後30日目から1株当たり配合肥料（7-7-7）約7.5gを施す。		
コンテナの容量・植え付け株数		30ℓ・2株／60ℓ・3株	株間	30cm
ネットの目合い・形状		10cm・角		

よくあるQ&A

Q…肥料をあげたのですがいもが肥りませんでした。
A…土の乾燥にアピオスは弱く、恐らく水分不足でいもも肥大できなかったものと思われます。

Q…どんな味ですか。
A…サツマイモとジャガイモを合わせたような食感で、初めホクホク、かむほどに粘りが出てきます。

パッションフルーツ

科　名：トケイソウ科
学　名：*Passiflora edulis*
原産地：ブラジル南部

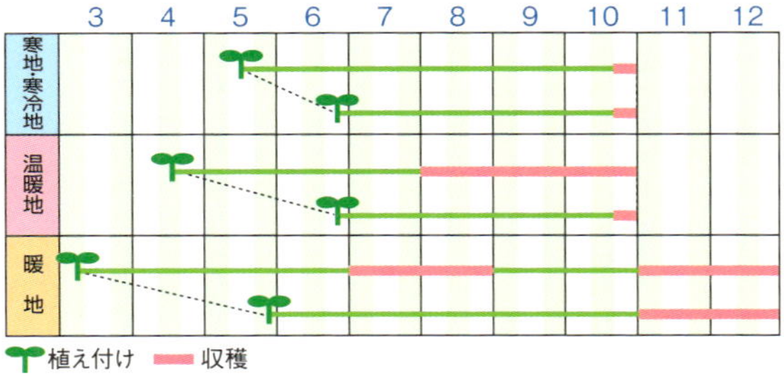

栽培のポイント
① 夏までにカーテンにするため大苗を購入する。
② 成長すると水分を多く必要とするので、大型コンテナに植えつけ、盛夏はまめに水やりする。
③ 35℃以上では成長が止まることがある。
④ 風による生育遅延を避けるため、しっかり誘引。
⑤ 1つる当たり5、6果残して摘果する。
⑥ 排水の悪い場所では立枯病が出ることがある。
⑦ 生育がとても旺盛で夏の間に3～5m程度伸びるので、栽培場所の高さに注意する。

　果実は7種類の果物の香りと味を持つといわれています。花はトケイソウ、緑のカーテンも楽しめるブラジル原産の魅惑のフルーツです。

❶**ネット張り～植え付け**　ひげつるを巻き付けながら成長するので、ネットは菱目でも角目でもかまいません。苗は大型のコンテナに植え付けます。

❷**摘芯**　茎が伸びてきたら草丈30cmぐらいの所で摘芯します（図72）。

❸**追肥**　植え付けから30日経ったら1週間に1回化成肥料を施します。

❹**開花～授粉**　黄玉種は午後3時ごろ、赤玉種は午前中から開花するので、夕方までに授粉します。

❺**収穫**　授粉から60日ほどで収穫となります。色づき始めたら乾かし気味に管理すると甘みが増します。完熟し、自然落果するのを待ちます。

❻**冬越し**　最低気温が10℃を保てる環境であれば冬越しできます。ツルを1.5mほど残して乾かし過ぎないように管理します。

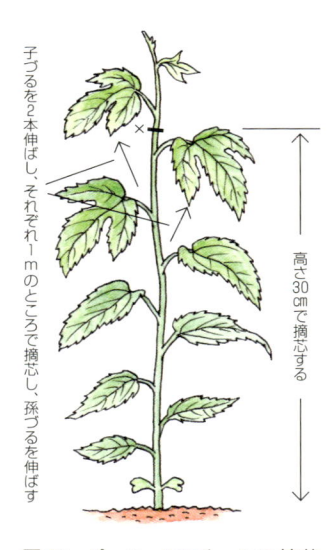

赤玉種　日差しや乾燥に強く、生育旺盛で花も実も楽しめる。

パッションフルーツ「黄玉種」の緑のカーテン　©プラネット

発芽適温		—	生育適温	20～25℃
肥料	元肥	腐葉土3割を含む土10ℓ当たり化成肥料（7-7-7）約45gを施す。		
	追肥	定植後30日から1週間おきに1株当たり化成肥料（8-8-8）約10gを施す。		
コンテナの容量・植え付け株数		30ℓ・1株/60ℓ・2株	株間	40cm
ネットの目合い・形状		10cm・角		

図72　パッションフルーツの摘芯（子づるを2本伸ばし、それぞれ1mのところで摘芯し、孫づるを伸ばす／高さ30cmで摘芯する）

よくあるQ&A

Q…なかなか開花しないのはなぜですか。
A…30℃を超えると花がつきにくくなるので早めに植え付けるようにします。花芽は孫づるにつきやすいので必ず摘芯しましょう。
Q…越冬できますか。
A…関東以西の暖かい南の海岸沿いなど、冬に寒風の当たらない所なら越冬できます。霜除けを施します。

（栽培時期表：寒地寒冷地／温暖地／暖地、植え付け／収穫）

ツルムラサキ

科　名：ツルムラサキ科
学　名：*Basella alba*
原産地：熱帯アジア

支柱につたわせたツルムラサキ

ツルムラサキの花穂
日が短くなってくると赤茎種は薄紫色、青茎種は白い花をつける。花穂ごと収穫してこれも食べることができる。

ツルムラサキの葉
ホウレンソウより高い栄養価で、夏場の青物として重宝する。おひたしや和え物にするとヌルヌルとした粘りを楽しめる。独特の土臭さが気になるのであれば、油炒めや天ぷらにするとよい。

栽培のポイント

①発芽適温が高いのでまき時期を守るか、フジの花が咲くころより前のタネまきでは保温をしっかりする。
②ネットにつるが巻き付くので角目を使う。
③収穫の際は残す葉の枚数を2、3枚程度にする。

今でこそ食用にしますが、江戸時代は、つるや葉、それに花や果実が赤紫色できれいなことから、もっぱら観賞用として愛好されていました。病虫害も少なく、早霜のころまで栽培できます。

❶**芽出し**　タネは硬く芽が出にくいので、まず一昼夜水に浸します。

❷**タネまき～間引き**　直径9cmのポリ鉢に深さ約1cmのまき穴4つをあけ、1粒ずつまき、土をかけ、たっぷり水やりします。出芽まで10～14日。本葉1枚が開いたら1株に間引きます。

❸**ネット張り～植え付け**　本葉4枚でコンテナに植え付けます。ネットは角目で、葉も花も小さいので、突っ張りタイプでも大丈夫です。

❹**摘芯**　本葉7枚程度で、5、6枚を残して親づるの先を摘み取り、子づるを伸ばします（図73）。

❺**収穫・追肥**　収穫は緑のカーテンの見栄えが悪くならない程度に孫づるを摘み取ります。最初の収穫の際に追肥し、以後も継続して施します。

ツルムラサキの果実
赤紫色の果実は、天然の色素としてしば漬けや着色に使える。

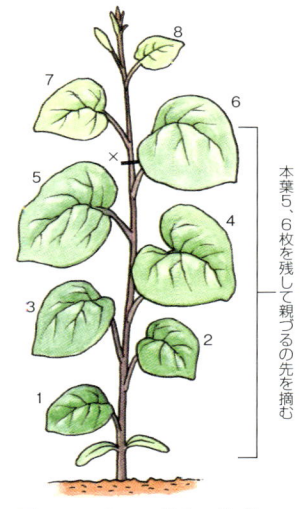

図73　ツルムラサキの摘芯

発芽適温	25～30℃	生育適温 20～30℃
肥料	元肥	腐葉土2割を含む土10ℓ当たり苦土石灰約6gを混ぜておき、1週間前までに配合肥料（7-7-7）約10gを施す。
	追肥	最初の収穫の後に1株当たり化成肥料（8-8-8）約7gを追肥し、以後3週間おきに同量を施す。
コンテナの容量・植え付け株数	30ℓ・2株/60ℓ・3株	株間 30cm
ネットの目合い・形状	10cm・角	

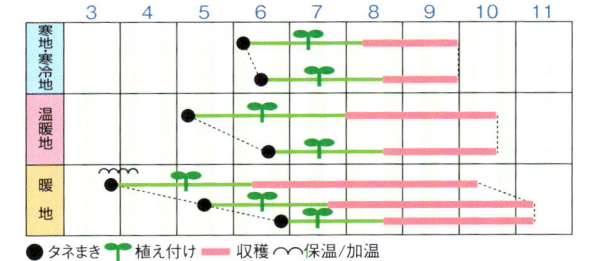

●タネまき　植え付け　収穫　保温/加温

よくあるQ&A

Q…つるがどんどん細くなってきてしまいました。
A…収穫の際に残す葉を多くするとつるが細くなってしまいます。孫づるが20～25cmで2、3枚本葉を残します。

Q…青いつるのものが出てきました。
A…タネまきすると、赤茎種の他に、全体が緑の青茎種も出てきます。

ヤマノイモ「ソロヤム」

科　名：ヤマノイモ科
学　名：*Dioscorea alata*
原産地：中国（雲南地方）

栽培のポイント
①植え付けは早過ぎず遅過ぎず、適期に行なう。
②培養土は苦土石灰で必ずpH矯正をする。
③ヤマノイモ類の連作は避ける。
④植え付けが深過ぎると出芽に時間がかかる。
⑤根が浅いため乾燥に注意する。
⑥2回の追肥はタイミングよく行なう。

　緑のカーテンには、ヤマノイモの中のダイショの「ソロヤム」がよく茂ることから向いています。

❶**タネいもの芽出し**　頂芽部を切り取り、そこを中心に縦に60g前後になるようミカン切りし、切り口を乾かし、バーミキュライト（常に湿らせる）を半分ほど入れた9cmポリ鉢に置き、育苗箱で25〜30℃を保ちます。萌芽まで2〜4週間。

❷**ネット張り〜植え付け**　芽出し苗からの場合はここから。ネットは角目で、突っ張りタイプでも大丈夫です。芽出ししたいもは深さ10cmの植え穴に切り口を上にして植えつけます。

❸**間引き**　芽は2つ以上出る場合、タネいもの養分を取り合ってしまい、いもの肥大が悪くなるので、元気のよいつるを1本残すように間引きます。

❹**追肥・増し土**　追肥は茎葉の成長が旺盛な7月上旬と8月上旬の2回施します。合わせて、土が乾かないように増し土もしておきます。

❺**収穫**　10月下旬以降、地上部が枯死したら霜が降りる前に収穫します。

「ソロヤム」の緑のカーテン

「ソロヤム」の芽出し苗　市販品は土がかけてある。

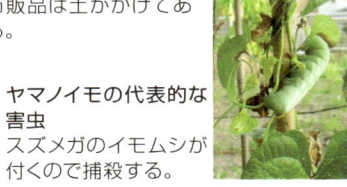

ヤマノイモの代表的な害虫　スズメガのイモムシが付くので捕殺する。

発芽適温	20℃前後	生育適温	20〜33℃
肥料	元肥	腐葉土2割を含む土10ℓ当たり2週間前までに苦土石灰約10g、1週間前までに配合肥料（7-7-7）約8gを施す。	
	追肥	化成肥料（8-8-8）を1株当たり1回目約8g、2回目約5gを施す。	
コンテナの容量・植え付け株数	60ℓ・2株	株間	35〜40cm
ネットの目合い・形状	10〜18cm・角		

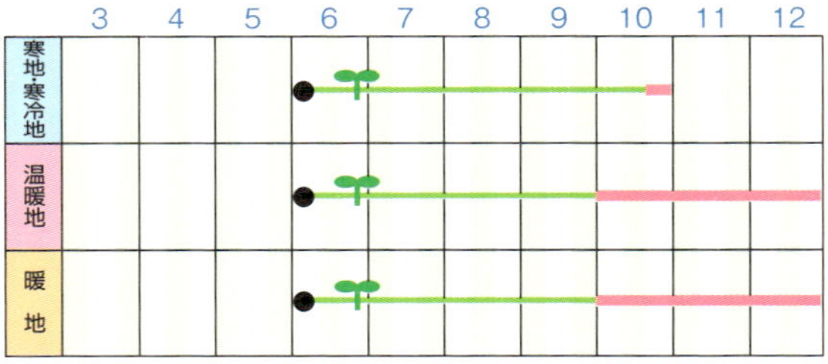

図74　タネいもの切り方
1つが約60gになるように縦に切断する。
へそ（頂芽）は切り捨てる

「ソロヤム」　草勢が強く生育旺盛。粘りが強い。

よくあるQ&A

Q…芽出し苗はどこで入手できますか。
A…通販などで入手できます。
Q…2回目の追肥のタイミングが遅くなってしまいました。
A…8月中旬から葉や茎にある栄養を新しいいもに送りいもが急速に肥大するので、追肥が遅れて株ができていないといもの肥大が悪くなります。
Q…貯蔵の方法を教えてください。
A…泥をつけたまま、新聞紙などに包み、室内（15〜18℃）で貯蔵します。

	3	4	5	6	7	8	9	10	11	12
寒地寒冷地				●🌱						
温暖地				●🌱						
暖地			●🌱							

● タネいもの芽出し　🌱 植え付け　━ 収穫

ホップ

科　名：アサ科
学　名：Humulus lupulus
原産地：西アジアの高原地帯とされている

ホップの雌株についた雌花。

発芽適温		—	生育適温	15〜30℃
肥料	元肥	土10ℓ当たり苦土石灰約5g、配合肥料(7-7-7)約20gを施す。		
	追肥	生育を見ながら半月に一度、1株当たり化成肥料(8-8-8)約5gを施す。		
コンテナの容量・植え付け株数		45ℓ・1〜2株	株間	30cm
ネットの目合い・形状		18〜24cm・菱/角/ひも		

🌱 植え付け　━━ 収穫

栽培のポイント

① 枯れ葉や枯れ枝は早めに取り除き清潔に保つ。
② 肥料が多いと、葉はよく茂るが、球果のつきは悪くなる。
③ 乾燥が続くとハダニ類が発生するので葉の裏面などにときどき水をかけるなど防除に努める。
④ 1〜2年に1回は春か秋に植え替える。

　ビールに苦みを加えるために用いられる多年生のつる性植物です。雌雄異株で、市販の苗は松かさ状の大きな花をつける雌株です。生育適温は15〜30℃ですが、冷涼な気候を好むため、寒地・寒冷地の緑のカーテンとして適しています。

❶ネット張り〜植え付け　夏の強い西日の差すような場所は避けます。葉と花が小さいので、ネットは垂直張りでも大丈夫です。苗は45ℓ程度の大型プランターに1〜2株を植え付けます。

❷摘芯　本葉6枚を残して親づるは摘芯します(図75)。

❸誘引　4〜6本の強い子づるを残し、それらをネットやひもに絡め誘引します。

❹追肥　半月に1回、化成肥料を適宜施します。

❺収穫　開花は2年目以降の7月上旬〜8月下旬で、8〜9月に球果を収穫し、乾燥させます。

親づるは、本葉6枚を残してつる先を摘み取り、子づるを数本出させる。4〜6本の強いつるを残してあとは残す。

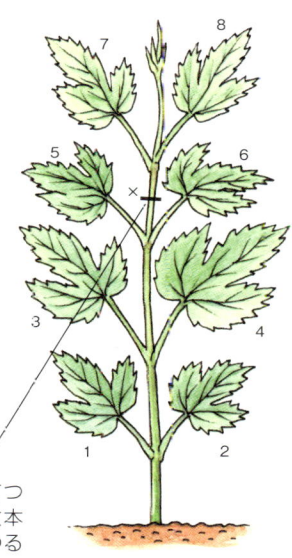

図75　ホップの摘芯

よくあるQ&A

Q…どれくらいの高さまでつるは伸びますか。
A…1年目は約3m、2年目以降は6〜8mになります。
Q…多年生と聞きましたが冬に枯れてしまいました。
A…翌春、地際から多数芽を出します。
Q…暖地での栽培は可能ですか。
A…難しいですが、西日の差すところは避け、風通しの良いところで加湿に注意して栽培してみてください。
Q…雄株を植えなくても球果につきますか。
A…雌花は受粉しなくても球果になるので雄株は必要ありません。

アサガオ

科　名：ヒルガオ科
学　名：*Ipomea nil*（日本アサガオ）／ *I.tricolor*（西洋アサガオ）／ *I.congesta*（宿根アサガオ）
原産地：ネパール（日本アサガオ）／熱帯アメリカ、東南アジア（西洋アサガオ）／熱帯アメリカ、熱帯アジアなど諸説（宿根アサガオ）

栽培のポイント

① ヒルガオ科植物との連作は避ける。
② 地温が十分上がってからタネまきする。
③ 盛夏は土が乾きやすくなるのでまめに水やりする。
④ アブラムシ類、ハダニ類は早めに防除する。
⑤ 花が咲きづらくなるので街路灯のそばは避ける。
⑥ 追肥も定期的に施し、下葉の枯れ上がりを防ぐ。

ひもにはわせた日本アサガオ
日比野克彦（明後日朝顔プロジェクト21）金沢21世紀美術館での展示風景（2007年）

日本アサガオ「アーリーコール」シリーズ　タネまき後50日ほどで開花する緑のカーテン向き垣根用早生品種。

西洋アサガオ「ヘブンリーブルー」　澄青色の中輪多花品種で、一日中花が開き楽しめる。

緑のカーテンの草花部門人気No.1はなんといってもアサガオでしょう。生育旺盛で育てやすく、品目、品種も豊富です。

　アサガオには日本アサガオ、西洋アサガオ、宿根アサガオがあり、それぞれに特徴があります。特にアサガオは、日長時間が短くなることで花を咲かす、典型的な短日性の植物です。その性質は、品目により異なります。いずれも特徴を知ってうまく使い分けるようにします。

　日本アサガオは7月から、西洋アサガオは8月下旬から開花が始まります。そのため、開花の遅い西

日本アサガオ（「アーリーコール」の場合）
西洋アサガオ
宿根アサガオ

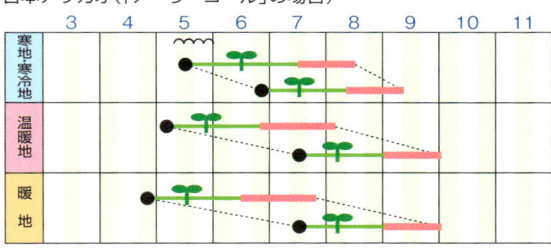

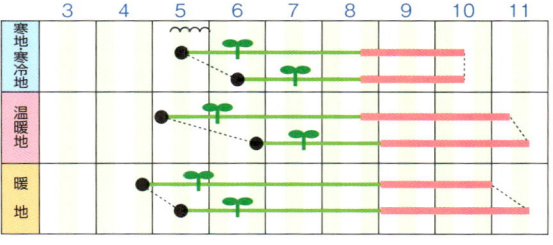

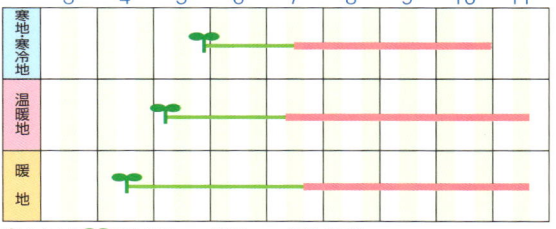

● タネまき　🌱 植え付け　━━ 開花　〜〜 保温/加温

発芽適温	25℃前後	生育適温	20〜25℃
肥料	元肥	腐葉土3割を含む土10ℓ当たり苦土石灰約7g、配合肥料（7-7-7）約15gを施す。	
	追肥	梅雨明け7月下旬ごろから、1か月に1回1株当たりIB化成（10-10-10）大さじ1〜2杯を施す。	
コンテナの容量・植え付け株数	30ℓ・2株/60ℓ・3株	株間	20cm
ネットの目合い・形状	10〜18cm・角/ひも		

※宿根アサガオは宿根草のため発芽適温はなく、生育適温は15〜30℃

洋アサガオの方が、つる伸びがよく、株がよくでき、大きなものでは10mほどの高さの立派な緑のカーテンもできます。一方で、西洋アサガオは花がなかなか咲かない欠点があります。

そこで、開花時期が異なる日本アサガオと西洋アサガオを組み合わせれば、7～8月に日本アサガオが、9～11月には西洋アサガオが咲き、長い期間アサガオが楽しめるというわけです。

宿根アサガオは、7月ごろから霜の降りるころまで長く開花し、名前の通り、宿根し、冬越しをうまくすれば次の年も楽しめます。ただし、生育が非常に旺盛で野生化が懸念されていますので、鑑賞目的以外に外へ持ち出すことはやめましょう。

いずれも栽培方法の基本は一緒なので、合わせて紹介します。

❶**芽出し**　熱帯原産で発芽適温が高いので地温が十分上がり霜の心配がなくなってからタネまきします。八重ザクラが散り1週間ぐらいたったころ（温暖地で5月上旬以降）からがタネまき時期です。タネは硬く吸水しにくいので図76のように背中部分にヤスリなどを使い傷を入れ（傷皮処理）、一晩水に浸けます。このとき浮いたタネは捨てます。芽出しの処理済みタネではこの工程は省略します。

❷**タネまき～間引き**　土を入れた7.5cmのポリ鉢に、深さ1cmほどのまき穴を2つあけ、土をかけ、しっかり水やりします。保温箱に入れ、日当たりの良い場所で管理します。5～7日で出芽するので、本葉1枚で間引いて1株にします。

❸**ネット張り～植え付け**　本葉3～4枚のころ、コンテナへ植え付け、たっぷり水やりしておきましょう。アサガオはつる自体がネットに巻き付くので、角目のネットを用います。また、ひもを縦に複数張っても緑のカーテンを作れます。

❹**摘芯～誘引**　本葉5～6枚で親づるの先を摘芯します（図77）。子づるが複数出てきますが、ネットに広げるように誘引します。

❺**追肥**　梅雨明け7月下旬ごろから、1か月に1回化成肥料を施します。

❻**摘葉・摘果**　宿根アサガオは葉がつきすぎて蒸れると斑紋病・輪紋病が出るので、風通しをよくするため葉を摘みます。また、開花後にタネがつくと株が弱るので早めに果実は摘み取ります。

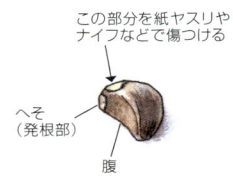

図76　アサガオの芽出し（傷皮処理）

図77　アサガオの摘芯

西洋アサガオ「アーリーヘブンリーブルー」　従来種よりも1か月早く開花する。

西洋アサガオ「カーニバル デ ベネツィア」　青と白、ピンクと白などの絞り咲きがあでやかな品種。

宿根アサガオ「ケープタウンブルー」　花色が青から紫色へ変化しながら、午後遅くまで楽しめる。

宿根アサガオ「ケープタウンスカイ」　涼しげな空色の花色が午後には淡いピンク色に変化する。

よくあるQ&A

Q…西洋アサガオがなかなか咲いてきません。
A…短日だけでなく夜温が高くても開花が遅れます。涼しくなるのを待ちましょう。

Q…宿根アサガオを冬越しさせたいのですが。
A…関東以西では地植えでそのまま越しますが、コンテナ植えや寒冷地などでは室内で越させます。

Q…肥料の施し過ぎか、生育が旺盛過ぎて花が咲きません。
A…追肥を止め、株元から20cmほど離してスコップや移植ごてで根を切ります。

ルコウソウ
ルコウアサガオ

科　名：ヒルガオ科
学　名：Ipomea coccinea（ルコウソウ）
　　　　I.quamoclit（ルコウアサガオ）
原産地：いずれも熱帯アメリカ

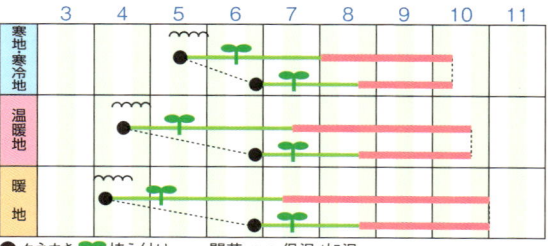

栽培のポイント

① 発芽適温は20℃以上と高めのため、発芽時の温度確保が重要。夜間に直まきならばホットキャップをかぶせ、ポット植えなら保温箱を使うと発芽がそろう。

② 耐暑性は強く、糸状に分かれる繊細な葉が涼しげだが、ボリュームを出さないとカーテンとしての効果が弱くなるので、摘芯とまめな追肥でしっかり葉を茂らせる。

③ 根を傷めると生育が遅れるため、移植は根を崩さないように丁寧に行なう。

ルコウソウ　花径3cmのかわいらしい星形の赤、ピンク、白の花をたくさん咲かせる。

ルコウアサガオ　花径2cmのアサガオを小さくしたような色鮮やかな赤い花を咲かせる。

「ルコウソウ」と「ルコウアサガオ」の「ルコウ」は、漢字で「縷紅」と書きます。細く絶えず続く様子を表わす「縷」の文字のとおり、切れ込みの入った繊細な葉とつるの草姿、五角形や星形の鮮やかな赤い花が魅力です。

❶**タネまき～間引き**　出芽をそろえるため、温度の確保できる葉ザクラのころにタネまきします。9cmのポリ鉢に約5mmのまき穴を3つあけ、1粒ずつまき、水やりします。出芽まで1～2週間。本葉2枚までに間引いて1株にします。

❷**ネット張り～植え付け**　つる自体がネットに絡むので、まっすぐ上に伸ばすため角目のネットを使います。本葉4～5枚のころ株間30cm程度で植え付けます。

❸**摘芯**　本葉8～10枚のころに摘芯します。旺盛に成長するので、つるをまめに整えます（図78）。

❹**開花**　短日性植物のため8月以降、花が増えます。一日花ですが朝から夕方まで咲きます。

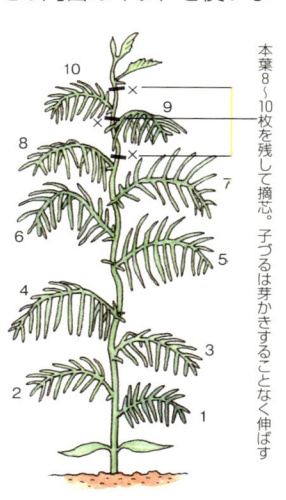

図78　ルコウソウとルコウアサガオの摘芯

発芽適温	25℃前後	生育適温	20～30℃	
肥料	元肥	腐葉土3割を含む土10ℓ当たり苦土石灰約7g、配合肥料(7-7-7)約15gを施す。		
	追肥	梅雨明け7月下旬ごろから、1か月に1回1株当たりIB化成(10-10-10)大さじ1～2杯を施す。		
コンテナの容量・植え付け株数		30ℓ・2株/60ℓ・3株	株間	30cm
ネットの目合い・形状		10～18cm・角/ひも		

※ルコウソウとルコウアサガオの栽培条件は同じ

よくあるQ&A

Q…「ルコウソウ」と「ルコウアサガオ」の違いは。
A…よく似ていますが、葉のかたちや花の形状が違います。ルコウソウの方が葉の切れ込みが深く、花は星形、ルコウアサガオは切れ込みが浅く、花は五角形です（ルコウアサガオは、ルコウソウとマルバルコウの交雑により育成された複二倍体の植物）。

Q…4月上旬にタネまきをしましたが芽が出ません。
A…夜温の低さなどが原因だと思います。5月以降にまくか、保温箱を使うなど地温を確保してください。

ミナ ロバータ

科　名：ヒルガオ科
学　名：*Ipomoea lobata*
原産地：メキシコから中央・南アメリカ

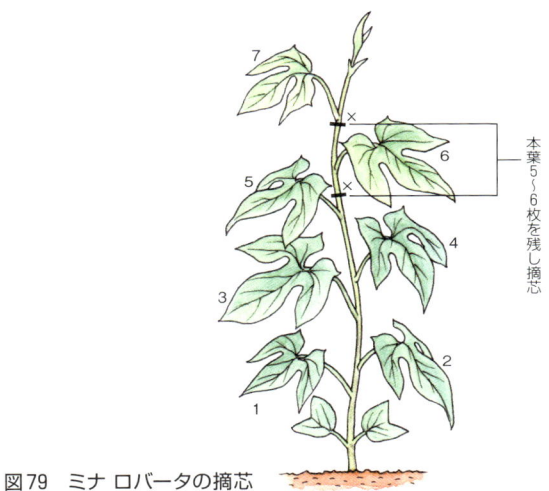

群生するミナ ロバータ

栽培のポイント

① ヒルガオ科植物との連作は避ける。
② 地温が十分上がってからタネまきする。
③ つる同士が絡み合うので苗は適期に植える。
④ 盛夏は土が乾きやすくなるのでまめに水やりする。
⑤ アブラムシ類、ハダニ類は早めに防除する。
⑥ 花が咲きづらくなるので街路灯のそばは避ける。
⑦ 追肥を定期的に施し、下葉の枯れ上がりを防ぐ。

「ミナ ロバータ」というかわいらしい名前は以前の学名に由来します。蕾（つぼみ）は赤色で咲き進むにつれて、オレンジ、レモンイエロー、クリーム色に変わります。カーテンにするとカラフルな滝のようになり、圧巻です。

❶ **タネまき～間引き**　発芽には20℃以上の温度が必要なため、八重ザクラが咲くころがまき時期です。直径9cmのポリ鉢に、深さ5mmほどのまき穴をあけ、タネを2～3粒ずつまき、たっぷり水やりします。約10日で出芽します。本葉2～3枚で1株に間引きます。

❷ **ネット張り～植え付け**　ネットや支柱は早めに準備します。本葉3～4枚で植え付けます。

❸ **摘芯**　本葉5～6枚を残し摘芯します（図79）。

❹ **追肥**　梅雨明け7月下旬ごろから、1か月に1回化成肥料を施します。

❺ **開花**　短日開花性で、花は温暖地で9月ごろから2～3か月間、楽しめます。

図79　ミナ ロバータの摘芯

本葉5～6枚を残し摘芯

ミナ ロバータの花

発芽適温		20～25℃	生育適温	20～30℃
肥料	元肥	腐葉土3割を含む土10ℓ当たり苦土石灰約7g、配合肥料（7-7-7）約15gを施す。		
	追肥	梅雨明け7月下旬ごろから、1か月に1回1株当たりIB化成（10-10-10）大さじ1～2杯を施す。		
コンテナの容量・植え付け株数		30ℓ・2株／60ℓ・3株	株間	30cm
ネットの目合い・形状		10～18cm・角／ひも		

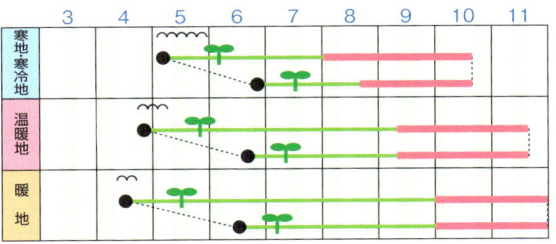

栽培カレンダー（3～11月）
寒地寒冷地／温暖地／暖地

● タネまき　🌱 植え付け　▬ 開花　〜 保温/加温

よくあるQ&A

Q…葉は茂り、よく伸びて、緑のカーテンにはなっていますが花が咲きません。
A…肥料が多過ぎると花つきが悪くなります。追肥は様子を見て判断します。

Q…タネまきから10日経ちますが発芽しません。
A…発芽適温は20～25℃と高めです。保温箱を使うほか夜間は屋内に取り込むなど、地温を確保してください。

ユウガオ
（ヨルガオ）

科　名：ヒルガオ科
学　名：Ipomea alba
原産地：熱帯アメリカ

ユウガオの花

「白花夕顔」は夜に咲き、柔らかくて甘い香りを漂わせる。

栽培のポイント

①ヒルガオ科植物との連作は避ける。
②地温が十分上がってからタネまきする。
③硬実種子だがタネまき前の芽出しは必要ない。
④夜によく香るので、リビングの窓や玄関先など、生活により近い場所で育てるのがおすすめ。
④つる自身がネットに巻き付き上へまっすぐ伸びるため、ネットは角目にする。
⑤夜に訪花するスズメガ類の幼虫が葉を食害するので、濃緑色の糞を発見したら、見つけ出して捕殺する。

代表的な品種に「白花夕顔」があります。花は夕やみとともに咲き始め、早朝にしぼみます。化粧品でも再現されるような、柔らかくて甘い芳香を放ちます。白い花がぼうっと暗闇に浮かび上がる様子は実に神秘的です。

❶**タネまき～間引き**　発芽には20℃以上の温度が必要なため、八重ザクラの咲くころからがまき時期です。直径9cmのポリ鉢に、深さ約1cmのまき穴を3つあけ、1粒ずつタネをまき、たっぷり水やりします。本葉2～3枚で1株に間引きます。

❷**ネット張り～植え付け**　角目のネットを張り、本葉4～5枚のころ、コンテナに植え付けます。

❸**摘芯**　本葉5～7枚を残して摘芯します（図80）。

❹**開花**　短日植物のため8月以降、多く咲かせます。花径約10cmの白いハンカチのような花です。

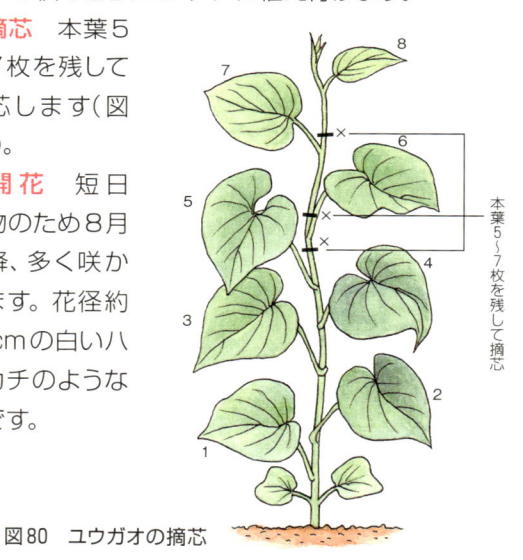

発芽適温		20～25℃	生育適温	20～30℃
肥料	元肥	腐葉土3割を含む土10ℓ当たり苦土石灰約7g、配合肥料(7-7-7)約15gを施す。		
	追肥	梅雨明け7月下旬ごろから、1か月に1回1株当たりIB化成(10-10-10)大さじ1～2杯を施す。		
コンテナの容量・植え付け株数		30ℓ・2株／60ℓ・3株	株間	30cm
ネットの目合い・形状		10～18cm・角／ひも		

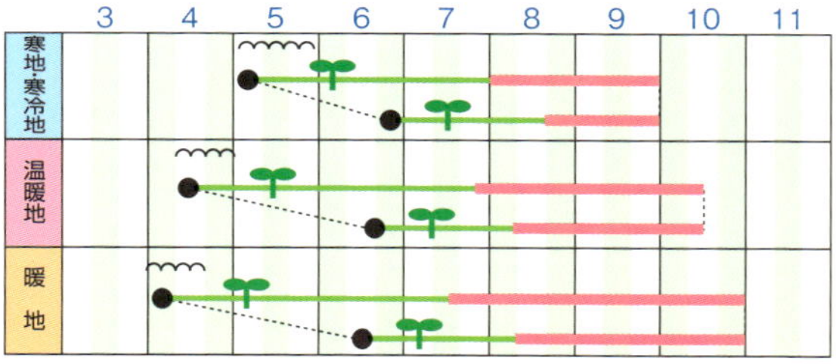

図80　ユウガオの摘芯

よくあるQ&A

Q…蕾はつきますが、花が咲かず、褐色になってしまいました。
A…ハダニが蕾につくと開かず、そのまま枯れてしまうことがありますので、防除しましょう。
Q…カンピョウは採れますか。
A…採れません。一般的な和名の「ユウガオ」がウリ科のカンピョウを指すためよく混同されますが、ヨルガオはヒルガオ科。両者はまったく別ものです。

トケイソウ

科　名：トケイソウ科
学　名：*Passiflora caerulea*
原産地：ペルー、ブラジル

栽培のポイント
①夏までにカーテンにするため大苗を購入する。
②緑のカーテンに向く品種を選ぶ。
③成長すると水分を多く必要とするので、大型コンテナに植え付け、盛夏はまめに水やりする。
④多くの品種は半日～1日で花が終わる一日花。
⑤室内などに取り込み冬越しさせる。

　トケイソウは、生育適温が10～35℃と幅広く、地域を選ばず栽培できます。一方で品種により特性が大きく異なるので、緑のカーテンに向いた品種(写真の3品種など)を選びます。

❶**ネット張り～植え付け**　ネットを設置し、大型コンテナに植えます。

❷**摘芯～誘引**　本葉5～6枚で摘芯します(図81)。緑のカーテン向きの品種は生育が旺盛なので、つるはまめに誘引します。

❸**追肥**　5～10月にかけては、生育が旺盛で夏の間に3～5m程度伸びるので、1か月に1回緩効性のIB化成などの肥料を施します。

❹**開花**　温暖地で9月上旬から開花します。2年目以降は5月から咲くこともあります。

❺**冬越し**　つるを0.5～1mの長さに切り戻し、最低気温5℃以上の室内などで冬越しします。

❻**病害虫**　新芽にアブラムシ類が、夏は葉裏にハダニ類などが付きやすいので早めに防除します。

トケイソウの緑のカーテン

「コンスタンスエリオット」　葉の緑に爽やかな白色が映える。花径8～9cm。

「アトロプルプレア」　花弁が厚く大輪で見栄えがする。花径10～12cm。

「パンダ」　白い花弁で中心が紫になるユニークな品種。花径約10cm。

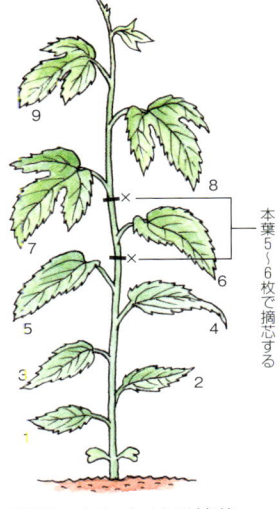

図81　トケイソウの摘芯

肥料	発芽適温	—	生育適温	10～35℃
	元肥	腐葉土3割を含む土10ℓ当たり化成肥料(7-7-7)約45gを施す。		
	追肥	5～10月にかけて、1か月に1回1株当たりIB化成(10-10-10)大さじ1杯を施す。		
コンテナの容量・植え付け株数		45ℓ・2株	株間	20～30cm
ネットの目合い・形状		10cm・角		

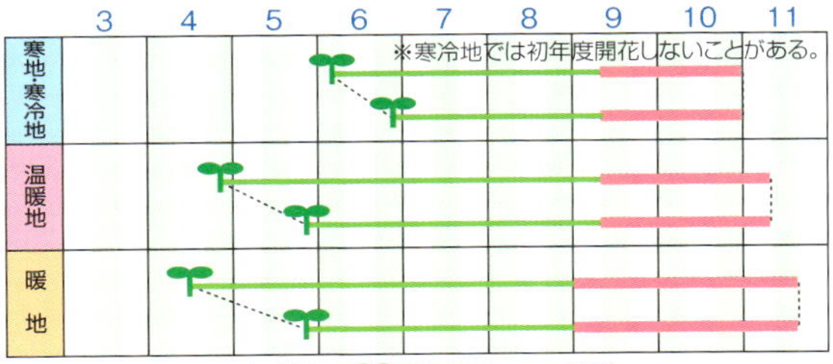

「コンスタンスエリオット」の場合　🌱植え付け　━開花
※寒冷地では初年度開花しないことがある。

よくあるQ&A

Q…トケイソウに果実がつきました。食べられますか。
A…トケイソウの中にはいろいろな品種があります。クダモノトケイソウ(パッションフルーツ)は食べられますが、観賞用品種は果実がなっても食べられません。

Q…2年株の花つきが悪いのはなぜですか。
A…前年に伸びた枝に花芽がつくので、切り過ぎないように注意しましょう。

フウセンカズラ

科　名：ムクロジ科
学　名：*Cardiospermum halicacabum*
原産地：北アメリカ南部

フウセンカズラの緑のカーテン

フウセンカズラの果実（蒴果）　風船のような果実が植物名の由来。

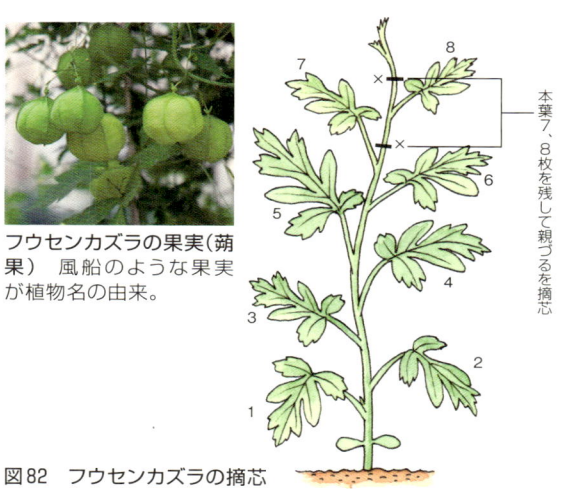

図82　フウセンカズラの摘芯

発芽適温	20℃前後	生育適温	25℃前後		
肥料	元肥	腐葉土3割を含む土10ℓ当たり化成肥料（7-7-7）約3gを施す。			
	追肥	梅雨明け7月下旬ごろから、1か月に1回1株当たりIB化成（10-10-10）大さじ1杯を施す。			
コンテナの容量・植え付け株数		30ℓ・2株／60ℓ・4株		株間	20〜30cm
ネットの目合い・形状		10〜18cm・菱／角			

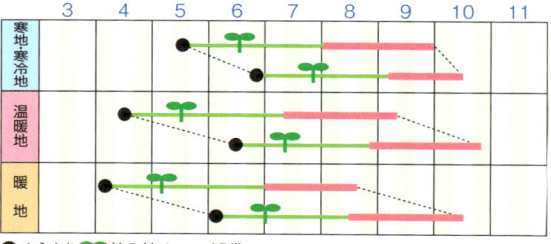

● タネまき　┰ 植え付け　━ 観賞

栽培のポイント

① 硬実種子だが、タネをまく前に傷をつける必要はない。
② 発芽までは乾燥や過湿に注意する。
③ ポットまきだけでなく、直まきしてもよい。
④ つるではなく巻きひげで巻き付く。
⑤ 気温が高くなるほど生育が旺盛になるので、ネットは早めに準備する。
⑥ ニガウリやアサガオほどはつるが伸びない（2〜3m）ので、高さが必要な場合は注意する。
⑦ 摘芯してわき芽を出させるとボリュームが出る。

❶ **タネまき〜間引き**　培養土を入れた直径9cmのポリ鉢に、深さ約1cmのまき穴を2つあけ、タネを2〜3粒ずつまきます。タネの表面に傷をつけると発芽が早まるという記述もありますが、その必要はありません。たっぷりと水をやり、日当たりが良く暖かい場所で管理します。本葉2枚までに間引いて1株にします。

❷ **植え付け**　本葉4〜5枚のころ、株間15cm程度で浅く植え付け、仮支柱をしておきます。日当たりと水はけの良い場所で管理します。病気に強く、目立った害虫もいません。

❸ **ネット張り**　フウセンカズラはつるではなく巻きひげで巻き付くので、ネットの形状は問いません。気温とともによく生育するので、ネットや支柱は早めに準備します。

❹ **摘芯**　本葉7〜8枚を残し、親づるを摘芯します（図82）。

❺ **開花**　初夏から夏に、白く小さな花を咲かせます。開花後、袋状の果実（蒴果）ができます。この中にはハート模様のタネが入っています。

フウセンカズラのタネ　ハート模様がサルの顔にも見えるため、モールで作った体をつけて顔に絵を描く遊びもある。

よくあるQ&A

Q…なかなか発芽しないのは何が原因ですか。
A…寒さに弱い植物なので、発芽適温の20℃前後を維持しましょう。出芽には14日ほどかかります。
Q…つるを成長させたいときはどうしたらいいですか。
A…窒素成分が多い肥料を施してください。
Q…黄色くなった蒴果は取った方がいいですか。
A…タネをつけると株が疲れるので、取りましょう。

ツンベルギア

科　名：キツネノマゴ科
学　名：*Thunbergia* spp.
原産地：熱帯アジア、熱帯アフリカ

ツンベルギア「オーガスタブルー」は丈夫でよく伸び、鮮やかな青い花を咲かせる。
©エクゾティックプランツ

栽培のポイント

① 真夏でも休むことなく生育し続けるので、まめにつるを誘引する。
② 肥料が多いと葉や茎ばかりが茂り、花つきが悪くなる。
③ 植え付け初年度は開花が遅れる傾向がある。
④ 冬越しする場合はしっかり保温する。
⑤ コンテナ内に根が回ると水切れしやすくなるので、1～2年に1回は植え替えする。
⑥ アブラムシ類、カイガラムシ類が付くことがあるので、注意する。

　独特の濃い色の花をつけるツンベルギア。草姿は直立性とつる性があるので、緑のカーテンではつる性のものを選ぶようにしましょう。

❶ **ネット張り～植え付け**　つるはひと夏で3～4mほど伸びることを考慮して場所を選びます。植え付けは八重ザクラの咲くころにします。
❷ **開花**　植え付け初年度に開花が遅れる傾向がありますが、早いと6月中旬から咲き始め、11月上旬まで咲き続けます。
❸ **追肥**　開花が始まってからは1週間に1回化成肥料を施します。
❹ **摘芯**　決まった摘芯位置はありませんが、子づるや孫づるに花がつきやすいので、草丈30cmぐらいのところで摘芯するとよいでしょう。
❺ **花がら摘み**　花がら、枯れ葉は、早めに取り除き清潔に保ちます。
❻ **冬越し**　冬越しさせた株は、翌年、霜の心配がなくなる八重ザクラの咲くころにします。

発芽適温		―	生育適温	15～25℃
肥料	元肥	腐葉土3割を含む土10ℓ当たり化成肥料(7-7-7)約50gを施す。		
	追肥	葉色が薄くなり始めたら、1株当たり化成肥料(8-8-8)約10gを施す。		
コンテナの容量・植え付け株数		60ℓ・2株	株間	30cm
ネットの目合い・形状		10cm・角		

「オーガスタブルー」の場合　🌱 植え付け　━━ 開花

よくあるQ&A

Q…花をたくさん咲かせるにはどうしたらいいですか。
A…天候不良が続くと窒素分が効き、葉やつるばかりが成長します。その場合は、肥料を控え、しばらくしたらリン酸の多い肥料を施すとよいでしょう。
Q…冬越しできますか。
A…霜よけすれば冬越しできます。0℃を下回る地域では室内で越冬させます。

スネールフラワー

科　名：マメ科
学　名：Vigna caracalla
原産地：熱帯アメリカ

スネールフラワーの緑のカーテン　©ゲブラナガトヨ

栽培のポイント

①根傷みを嫌うので根を崩さないよう植え付ける。
②肥料が多いと葉や茎ばかりが茂り、花つきが悪くなる。
③水切れすると花が咲かなくなるので朝夕に水をやる。
④生育旺盛なので、まめにつるを誘引する。
⑤枯れ葉や花がらはまめに取り除き清潔を保つ。
⑥しっかり保温すれば冬越しもできる。

　ユニークな花を咲かせるマメ科の植物です。生育適温が高く、真夏でも休むことなく旺盛に生育し続け、草丈は4～5mになります。

❶**ネット張り**　目合い10cmのネットを張ります。
❷**植え付け**　コンテナは50ℓの深めのプランターやそれ以上大きいものを用意します。
❸**水やり**　水切れすると花が咲かなくなるので盛夏は朝夕と水やりします。
❹**開花・追肥**　温暖地では8月上旬～11月下旬まで咲き続けます。枯れ葉や花の咲きがらは早めに取り除き清潔に保ちます。
❺**病害虫**　乾燥状態が続くとハダニ類が出やすくなるので注意します。定期的に水を葉の両面にかけるなどして防除します。
❻**冬越し**　暖かい地域では葉が残りますが、寒いと地上部は枯れます。0℃前後の最低気温に耐えるので、株を凍らせないように管理します。

スネールフラワーの花
カタツムリ(スネール)の殻のようなユニークな花は房状にかたまって咲く。
©ゲブラナガトヨ

発芽適温		—	生育適温	15～35℃		
肥料	元肥	腐葉土2割を含む土10ℓ当たり苦土石灰約7g、定植前までに化成肥料(8-8-8)約40gを施す。				
	追肥	葉色が薄くなったら1株当たりIB化成(10-10-10)大さじ1杯を施す。				
コンテナの容量・植え付け株数		50(深タイプ)～60ℓ・2株			株間	20～30cm
ネットの目合い・形状		10cm・角				

植え付け ━━ 開花
（月：3 4 5 6 7 8 9 10 11）
寒地・寒冷地／温暖地／暖地

よくあるQ&A

Q…下に垂れ下がるように栽培することはできますか。
A…つるで上に向かって成長していきますので、垂れ下がるように栽培することはできません。
Q…タネを採ることはできますか。
A…さやがつきにくいので、当然タネを採ることも難しいです。株を残して霜除けするか、刈り込んで室内に取り込むなどして冬越しさせます。

「サンパチェンス®」でさらに涼しく、美しく

　緑のカーテンを充実させ、見た目にもきれいで、環境にもやさしい、とっておきのテクニックがあります。

　真夏のころ、葉を落とし始めた株元は見た目にイマイチ。また太陽の軌道が秋になるにつれて低くなるため、直射日光が株元に差し込み始めます。このストレスがいっそう、カーテンの寿命を縮めてしまいます。

　枯れ上がりを隠すとともに、"日よけ"をすればよいのですが、その最高の助っ人が「サンパチェンス®」です。赤、オレンジ、ピンクなど夏らしい花色は多彩。次々と花を咲かせ、一株で一抱えほどのボリュームに育つ馬力があります。

　さらに環境にもやさしいところがポイント。「サンパチェンス®」は蒸散能力が極めて高く、放出された水蒸気が蒸発する際に、気化熱により周辺の温度を下げます。これは「打ち水」と同じ原理。実験では、地面の温度より10℃以上、他の植物との比較でも3〜4.5℃下げました[※1]。また、二酸化炭素（CO_2）や大気汚染の原因物質とされる二酸化窒素（NO_2）についても、高い吸収能力があることが分かっています[※2]。

　室内を涼しくしてエアコンの使用量を控え、電力使用量を減らし、かつ二酸化炭素もしっかり吸収。"合わせ技"一本　ダブルで環境にやさしいカーテンでき上がりです。

[※1] インパチェンスやベゴニアなど夏の代表的な花壇用の園芸植物と比較。圃場の表面温度は約42℃、園芸植物の表面温度をサーモカメラで計測（浦野豊博士（東京大学・農学）と独立行政法人環境技術研究所、サカタのタネの共同研究）。
[※2] インパチェンスやポトスなど従来の園芸植物と比べて、CO_2で4〜6倍、NO_2で5〜8倍の吸収能力がある（浦野豊博士とサカタのタネの共同研究）。

緑のカーテンの株元を彩る「サンパチェンス®」
緑のカーテンに使う植物と成長や栽培の仕方が違うので別々のコンテナで育てる。

緑のカーテンとサンパチェンス®の組み合わせによる縦面と横面の冷却効果
サンパチェンス®（左）はより高い冷却効果が期待でき、緑のカーテンと合わせることでさらに強力な冷却効果が得られる。

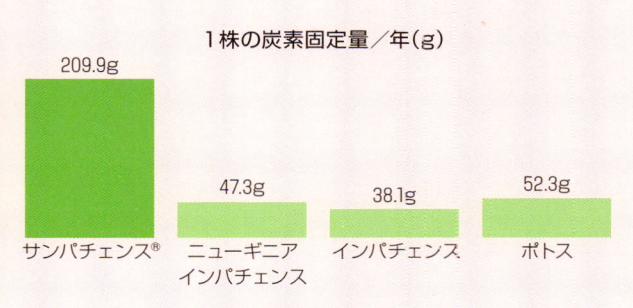

1株の炭素固定量／年（g）
- サンパチェンス®　209.9g
- ニューギニアインパチェンス　47.3g
- インパチェンス　38.1g
- ポトス　52.3g

サンパチェンス®1株の年間炭素固定量
共同研究：浦野豊博士（東京大学・農学）。CO_2換算するには44／12を乗じる（C固定に要したCO_2として）

著者紹介

サカタのタネ「緑のカーテン」普及チーム

緑のカーテンのさまざまな楽しみ方と成功の秘訣を伝えるため、株式会社サカタのタネの広報宣伝課内で結成したチーム。2011年、2012年に、同社敷地内でミニメロン「ころたん®」やニガウリ、ヒョウタンなどの大規模な緑のカーテンを作り、新聞やテレビなどで話題となる。種苗業界で唯一お客様相談室をもつ同社は、顧客の疑問や悩みを解決してきた蓄積を生かし、失敗しない緑のカーテン作りのコツ、種々の品種の楽しみ方を積極的に発信している。

〈メンバー〉

淡野一郎（あわの・いちろう）
　1963年、横浜市生まれ。神戸大学大学院修士課程修了。91年、株式会社サカタのタネ入社。同社農場で花の品種育成に従事し、現在広報宣伝課長。新聞などへのコラム執筆の他、『かんたん かわいい ミニ＆ベビー野菜ガーデニングノート』（農文協）、『ここまでできる！ベランダでコンテナ菜園』（家の光協会）などの著書がある。

大無田龍一（おおむた・りょういち）
　1976年、神奈川県平塚市生まれ。東京都立大学大学院修士課程修了。元神奈川新聞記者。ネットメディアの企画運営や地産地消をテーマにした『食べる.横浜』の執筆などを手がける。12年、株式会社サカタのタネ入社、広報宣伝課在籍。

田辺珠里（たなべ・じゅり）
　1983年、横浜市生まれ。青山学院女子短期大学卒業。04年株式会社サカタのタネに入社以来、広報宣伝課に在籍。神奈川新聞社のSNSサイト「カナロコ」内のコミュニティー『カナロコふぁーまーず』で副部長を務める。

サカタのタネ企業サイトURL
http://www.sakataseed.co.jp

写真提供（五十音順）

淡野一郎／有限会社 エクゾティックプランツ／オーシャン貿易 株式会社／株式会社 ゲブラナガトヨ／株式会社 札幌採種園／株式会社 サンホープ／積水樹脂 株式会社／大一鋼業 株式会社／第一ビニール 株式会社／株式会社 ニチカン／日光種苗 株式会社／福花園種苗 株式会社／有限会社 フタバ種苗卸部／株式会社 プラネット／八江農芸 株式会社／横浜市南区役所

協力

粕屋グリーンセンター 長 靜磨／金沢21世紀美術館

花も実もある よくばり！ 緑のカーテン
野菜と花おすすめ23品目

2013年5月15日　第1刷発行

著者　サカタのタネ「緑のカーテン」普及チーム

発行所　一般社団法人　農山漁村文化協会
〒107-8668　東京都港区赤坂7丁目6-1
電話　03(3585)1141（営業）　03(3585)1147（編集）
FAX　03(3585)3668　振替　00120-3-144478
URL　http://www.ruralnet.or.jp/

ISBN978-4-540-13120-2
〈検印廃止〉
©サカタのタネ　2013 Printed in Japan
DTP制作／（株）アルファ・デザイン
印刷・製本／凸版印刷（株）
定価はカバーに表示

乱丁・落丁本はお取り替えいたします。